신新 포석정 놀이

신新 포석정 놀이

全河然 수필집

수필과비평사

■ 책 머리에

올여름도 예외 없이 폭염暴炎이 요란했습니다. 그 한가운데서 이열치열以熱治熱하며 두 번째 수필집을 엮었습니다. 첫 작품집 이후 10년이 다 되었는데도 아직도 모자람을 느끼지만, 그동안의 진실한 제 삶의 자취를 함께 돌아본다 생각하고 읽어주면 고맙겠습니다.

책은 모두 5부로 구성했습니다. 1부에서 4부까지는 대부분 글을 쓴 계절별로 나누어 실었고, 제5의 계절이라 의미를 부여하고 싶은 마지막 5부는 지난 6년 동안의 교단수필을 담았습니다.

풍류風流의 고장 전주全州 사람인 것을 복福 중에서도 큰 복이라 여기며 살고 있습니다. 내 형편에 풍류라니 좀 사치스럽다 싶지만 이것이 없었다면, 이것을 몰랐다면 삶이 얼마나 팍팍했을까요. 이제는 학교에서도 아이들과 가끔씩 그 맛과 멋의 흉내를 내어보며 소중한 추억을 만들어 가고 있습니다.

책에 빛깔을 더하도록 흔쾌히 그림을 내어 주신, 은사恩師 정정애 화가님께 마음 깊이 감사드립니다. 멀리서 가까이서 변함없이 응원을 보내주는 형제와 친구들, 제자들에게는 사랑한다는 말 전하고 싶습니다.

2013년 가을

全 河 然

■ 목차

2. 아버지의 합죽선

3. 도반道伴

4. 사향思香

5. 애인 전용 엘리베이터

1부

자목련

동생네 집은 골목을 오가는 사람들의 말소리 발자국 소리로
늘 나직나직 시냇물이 흐르는 것 같다.
그럴수록 교동마님은 더욱 신바람이 나는 모양이다.

교동 마님

모처럼 쉬는 날, 고향 집에 다녀오자며 동생이 전화를 했다. 봄이 되자 나 또한 스멀스멀 고향 생각이 나던 참이었다. 이번에는 작은방에 놓여 있던 궤짝과 앉은뱅이책상을 가져오고 싶다고 한다. 기꺼이 차를 운전해 주었다.

그동안 동생이 고향 집에서 가져온 물건이 가지가지다. 항아리, 놋그릇과 사기그릇, 다듬잇돌, 채반 등 열 손가락이 모자라게 많다. 나는 부모님이 안 계신 집 안 어디에 무엇이 있는지 거의 잊고 사는 반면 동생은 다르다. 구석구석에 놓인 쓸 만한 물건들을 잘도 기억하고 찾아낸다. 그리고는 동생 집으로 꾸역꾸역 실어 나른다.

이번에는 두 골동품이 생각났던가 보다. 내 기억에 궤짝은 우리 형제들의 책이며 상장 등을 넣어두었었고, 앉은뱅이책상은 주로 공부벌레인 큰오빠와 막내오빠 차지였지만 나와 동생도 이 책상 앞에 앉아 공부를 했었다. 그러니 우리 남매들의 손때가 묻은 책상이라고 할 수 있다. 이것들을 어디에 쓸 것인지 물어보았다. 그러면 그렇지……. 손질하여 거실에 놓을 생각이라고 한다.

가져온 그날부터 동생은 궤짝과 책상에 사포질을 하고 무쇠장식을 달고 기름을 칠하는 등 한동안 요란을 떨었다. 그러더니 마침내 전통가구점에 내놓아도 될 만한 가구 두 점을 떡하니 거실에 모셔두었다. 확실히 동생네 집 거실 분위기가 이 두 물건이 없을 때와 다르다.

동생이 이런 예스런 물건들을 좋아하기 시작한 것이 언제부터일까. 동생의 집은 전주 교동이다. 어느 고장에 가나 교동은 향교가 있는 비교적 전통이 잘 보존되고 있는 동네이다. 전주 교동에도 향교가 있으며 교동 전체가 한옥보존지구로 지정되어 있어 이곳에 가면 마치 민속마을에 온 것 같다. 그러나 이곳은 인공으로 조성된 마을이 아니며 조상 대대로 살아오고 있는 생활공간이다. 결혼해서부터 이곳에 살았으니 동생이 교동에 살아온 지도 벌써 20년이 넘었다.

몇 년 전부터 전주한옥마을이 국내는 물론 세계적으로 크게 주목을 받고 있다. 한옥 700여 채와 골목길이 살아있는 전통 한옥촌, 한지와 한지공예품, 판소리, 비빔밥 등 한국 전통문화의 원형과 음식문화를 고스란히 간직하고 있기 때문이다. 전주한옥마을을 보러 매년 500만 명 이상이 이곳을 찾는다고 하고 얼마 전에는 이곳이 국제슬로시티로 지정되기도 했다.

동생의 집도 이런 동네에 어울리는 팔작지붕의 전통 한옥이다. 그러다 보니 그도 자연스럽게 여기에 어울리는 의식을 갖고 살아가게 되면서 가구며 생활도구까지 갖추기 시작했다. 전주 오목대 밑 둘레길의 초입에 있는 동생 집에 가보면 곳곳에서 전통의 향기가 묻어난다. 한옥에 어울리는 기와 담장, 돌계단과 잔디밭, 돌확과 항아리들로 꾸민 꽃과 수생식물이 다양하다. 안은 안대로 반다지와 궤짝들, 그 위에 놓인 화로와 신선로, 향합 같은 놋쇠 그릇들이 갈 때마다 늘어난다. 가을에는 처마 밑에 곶감이 달린 풍경까지 더해져 전주한옥마을을 찾는 사람들의 멋진 사진 배경이 되어주기도 한다. 자연히 동생과 제부는 더덕넝쿨 지지대 하나조차 집과 마을 분위기에 어울리는지 매우 신경을 쓴다.

동생은 어느덧 교동 사람이 다 되었다. 전에 드라마 〈교동 마님〉에 나오는 주인공처럼 시부모님 모시고 맏며느리 노릇도 잘하고 예의범절 알고 인정을 베풀며 산다. 김치 한 가지를 담가도 이웃과 나누어 먹고 골목길 화초도 함께 가꾸고 있다. 한때는 마을에 있는 학교에 나가 학생들에게 예절을 가르치기도 하였던 동생은 지금도 한옥마을을 위한 일이라면 발 벗고 나서느라 하루하루가 늘 바쁜

다. 동생은 스스로도 인터넷 공간에서 '교동 마님'으로 행세한다.

요즘 걷기 바람이 불면서 전주한옥마을에도 둘레길이 생겼다. 살아 숨쉬는 길, 이름도 정겨운 '숨길'이다. 동생네 집은 골목을 오가는 사람들의 말소리 발자국 소리로 늘 나직나직 시냇물이 흐르는 것 같다. 그럴수록 교동 마님은 더욱 신바람이 나는 모양이다. 담 너머로 골목길을 안내하는 것은 물론 카메라를 들이대는 사람들에게는 인심 좋게 대문을 열어 보이기도 한다.

동생의 다음 목표는 구유인 것 같다. 고향집 허청 어딘가에 소여물을 담던 구유가 있을 거라며 다음에는 그걸 찾으러 가겠다고 벼르고 있다. 마루에 놓여 있던 나무로 짠 큰 뒤주의 실종을 몹시도 안타까워하면서 말이다. 구유를 찾으면 또 교동 집으로 가져와 닦고 기름칠하고 윤을 내어 거실 탁자로 떡하니 자리매김해 놓지 않을까. 앞으로 동생의 집은 더욱 아늑하고 고풍스러운 공간이 될 것이다.

나이가 들어갈수록 옛것이 좋아진다는 말들을 한다. 젊어서는 현대적인 것들과 함께 편리함을 누렸지만, 은퇴하면 정원이 있는 한옥에서 여생을 보내고 싶다는 사람도 많다. 나는 지금보다 훨씬 젊어서부터 전통적인 것이 좋았다. 외형적인 것도 그렇지만 특히 정신적인 가치에 관심이 많았다. 그래서 그런지 사고방식도 좀 보수적인 편이어서 어떤 친구는 나에게 조선시대 사람 아니냐며 놀리기도 한다. 그럼에도 불구하고 어쩔 수 없이 내가 살고 있는 집은 계단이나 문턱이 없는, 엘리베이터가 있는 아파트이다. 생활용품 또한 대부분 몸이 불편한 나에게 맞는 요즈음 만들어진 것들이고, 동생이 욕심을 낼 만한 물건은 별로 없다. 이래저래 나는 동생이 몹시도 부럽다.

동생은 조만간 구유를 찾으러 가자며 나에게 채근을 할 것이다. 대리 만족을 위해서도 나는 자가용 서비스쯤이야 앞으로도 얼마든지 해 줄 생각이다.

(2011)

봄 숲에 들어

연이틀 내린 비에 말끔히 세수한 나뭇잎마다 윤기가 흐른다. 새소리까지 높디높아 집에 그냥 있기 아까운 오후이다. 전주全州에서도 동쪽에 살다 보니 집을 나서면 쉽게 가게 되는 곳이 진안이나 무주 쪽이다. 오늘은 운일암 반일암 쪽으로 차를 몰았다. 운일암雲日岩 반일암半日岩, 골이 워낙 깊어 낮의 반은 구름이 가려 볕이 반나절도 들지 않는다 하여 붙여진 이름이란다. 이곳이 사람들에게 알려지게 된 것은 여름 계곡과 가을의 단풍 때문일 게다. 그러나 내가 아는 운일암 반일암의 으뜸은 뭐니 뭐니 해도 봄 숲이다.

용담댐을 가까이 두고 왼쪽 이정표를 따라가자 이내 운일암 반일암에 닿았다. 입구부터 계곡을 차지한 잿빛 우람한 바위들, 등 붉은 소나무들, 물소리 바람 소리……, 무엇보다도 주변의 산山 빛깔에

입이 다물어지지 않는다. 나무라 하여 다 같은 초록이 아니다. 층층이 혹은 무더기무더기, 제각기 자기 색깔로 조화를 이루고 있다. 은사시나무의 은빛나는 초록, 떡갈나무의 갈색빛 도는 푸름, 산벚나무는 아직 분홍빛 반 연둣빛 반이고, 조팝나무 군락들도 가장 낮은 곳에서 제 몫을 한다. 자연에게 배울 것이 어디 한둘일까. 낮은 자리에 있다 하여 하찮은 존재는 아무것도 없다.

이맘때 봄은 가을 단풍이 부럽지 않게 아름답다. 단풍의 붉은 빛깔은 사람을 질리게도 하지만 연하디연한 초록은 바라볼수록 마음을 맑게 한다. 여름부터 가을까지 주차장이 되어버렸을 도로에 자동차라고는 어쩌다 한 대씩. 혼자서 이 자연을 독차지한 기분이다.

계절 중에서 나는 봄을 가장 좋아한다. 이른 봄 언 땅을 비집고 새순이 올라오는 시기부터 춥지도 덥지도 않고 연초록 나뭇잎이 하늘거리는 이맘때까지를 특히 좋아한다. 대개가 그랬듯 나 역시 철없이 뛰놀기 좋아하던 어린 시절에는 눈 오는 겨울을 좋아했다. 감상적 소녀 시절에는 단풍 든 가을을, 청년 시절에는 젊음의 계절 여름을 좋아했다. 그러던 것이 언제부턴가 봄이 좋다. 봄으로 구분지을 수 있는 달은 3월에서 5월에 이르는 석 달이다. 나는 이 3개월 동안의 봄을 모두 사랑한다.

3월의 봄은 설렘이고 희망이다. 긴긴 언 대지를 견디고 마침내 솟아오른 힘찬 새싹들……, 내 기억 속 봄의 전령사는 단연 상사화이다. 옛날 고향 집 장독대 옆에는 상사화가 군락을 이루고 있었다. 눈도 다 녹지 않은 잔디 사이로 오리 부리 같은 새 촉들이 솟아오르면 어린 나는 그 신기한 것들을 들여다보며 볕바라기를 하곤 했다. 촉의 수가 얼마나 늘었는지, 키는 얼마나 자라는지 지켜보는 며칠 사이에 봄은 성큼 우리 곁에 왔다. 나는 지금도 상사화 새 촉만 보면 마음이 설렌다.

4월의 봄은 꽃철이다. 매화, 산수유, 진달래, 목련, 수수꽃다리……, 차례차례 혹은 사이좋게 어깨동무하여 피어나기도 한다. 이때쯤 나는 비로소 남녘 섬진강으로 봄 마중을 나간다. 혼자도 좋고 여럿이 함께할 때도 좋고, 봄 빛깔 번져가는 강가를 달리며 강바람에 실린 상큼한 봄 향기에 새로운 희망을 다지고 온다.

5월의 봄은 대자연의 우화등선羽化登仙하는 몸짓이다. 잠자리들이 움츠린 날개를 펴듯, 고치 속 나비가 새 갑사 날개를 펼치듯 나뭇가지마다 하늘 향해 날갯짓을 시작한다. 작고 연한 싱그러운 잎새들로 인해 영혼까지 맑아진다.

이번의 내 행보는 저리 여린 잎들이 불러낸 발길이다. 운일암 반일암엔 지금 바람 소리도 물소리도 숨을 죽인 고요뿐이다. 눈을 들어 산을 본다. 숲이 멋게 눈이 부시다. 느티나무, 포플러, 참나무, 소나무, 산벚나무, 은사시나무……, 종류도 가지가지인 나무들이 명도明度와 채도彩度를 달리하여 숲을 이루고 있다. 흡사 물이

들기 시작한 초가을 단풍 숲을 보는 듯하다. 산의 높이와 방향에 따라 나무의 종류에 따라 색깔이 다른 숲. 나무마다 어쩌면 저리 빛깔이 고울까.

어디서 바람이 부는가. 얄보드란 색깔옷 차려 입은 숲이 서서히 파도타기를 시작한다. 뭉게구름의 느린 동작을 보는 것 같다. 내 마음도 덩달아 푸른 구름이 된다.

(2004)

피리 부는 소녀

근 한 달 만의 만남이다. 이번에는 함께 무엇을 하고 무엇을 먹고 무슨 얘기를 나눌까. 약속 장소로 향하는 몸보다 마음이 앞서 나간다. 이렇게 만날 때마다 기분 좋은 만남이 또 있을까.

차에 오르자마자 소녀가 중간고사 치른 이야기부터 쏟아놓는다. 사회가 제일 어려웠고, 만만하게 보았던 도덕도 어려웠고……, 수학을 한 문제만 틀린 것이 그나마 다행이란다. 중학교에 들어가 처음 치르는 시험이라고 했다. 모처럼 시험이 끝났으니 친구들과 시내에 나가든지, 동생과 놀아주든지, 컴퓨터라도 하지 그랬느냐 했더니 나를 만나는 시간이 더 즐겁단다.

이번에도 의자 사이로 소녀가 슬며시 무엇인가를 내민다. 하늘색 플라스틱 분필 케이스다. 선생님이 되면 손에 분필가루 묻지 말라고 학교 앞 문구점에서 샀다고 한다. 지금 휴대전화에 달고 다니는 액세서리도 소녀가 만들어 주었다. 50원, 100원, 500원짜리 반투명 크리스털 재료들을 연결하여 만든 잠자리 모양의 이 장식품은 볼수록 정이 간다.

오늘도 둘만의 몇 가지 놀이를 계획하고 있다. 그 중 소녀가 가장 좋아할 만한 카드를 먼저 꺼냈다.

"우리 버들피리 만들러 갈까?" 하였더니, 아니나 다를까.

"네!" 하는 대답이 하늘을 날 것 같다. 차창 밖 5월의 신록 같은 소녀와 함께하는 나들이가 나라고 어찌 즐겁지 않겠는가.

얼마쯤 왔을까. 소녀가 뜬금없이

"선생님, 첫사랑에 대해 얘기 좀 해주세요."

한다. 중학생이 되더니 소녀도 서서히 이성에 눈을 떠가는 것일까. 나날이 성장해 가는 모습을 지켜보는 것만으로도 흐뭇하다. 쉴 새 없이 재잘대는 소녀의 이야기를 들으며 달리는 사이, 저 건너 시냇가에 갯버들 가지들이 보인다. 차에서 내리자 소녀가 얼른 내 곁으로 와 나의 왼쪽 손을 잡고 선다.

소녀와 내가 처음 만났을 무렵에도 그랬다. 학원에 다녀오던 소녀가 아파트 앞에서 나를 발견하고는 강아지같이 달려왔다. 그러더니 주저 없이 나의 손을 잡아주며 걸었다. 그때 소녀의 나이 겨우 아홉 살이었다. 글쓰기 지도교사와 학생의 관계로 만났지만, 장애인 선생님이라 하여 다르게 생각하지 않고 오히려 내 손을 잡아주며 다가온 아이였다.

소녀는 시시때때로 나를 감동시킨다. 생각지도 못한 깜찍한 선물들이 그렇지만 수시로 걸어오는 안부 전화……. 학교 쉬는 시간이나 심지어 해외여행지에서까지 전화를 걸어 소녀 부모님의 질투를 사기도 한다.

지난 겨울 내가 교원임용시험을 치르던 눈이 펑펑 내리던 날, 소녀는 나보다 더 초조한 하루를 보낸 것 같았다. 종이학을 접으며 눈 속에 내 전화를 기다렸다고 했다. 내가 교단에 서기 전에 초등학교를 졸업하는 것이 못내 아쉬운 소녀는, 그날 늦은 점심을 같이 먹는 자리에서 합격하면 꼭 저의 모교 선생님이 되어달라고 당부하고 또 당부했다.

이런저런 마음이 예뻐서 나 역시 소녀에게 무엇이든 해주고 싶다. 버들피리를 만들어주는 것부터 시작하여 공연이나 전시회도 같이 보고, 상사화와 얼레지꽃도 캐러 가고, 밤도 같이 따러 가고, 함께 영화도 본다. 처음에는 어린것의 순진한 마음이 예뻐서 함께해 주었고, 이제는 좋은 일 좋은 곳만 있으면 소녀를 먼저 생각한다.

소녀는 버들피리를 정말 좋아한다. 어느 봄날, 아이들에게 주려고 내가 여러 개의 버들피리를 만들어 갔었다. 생전 처음 이런 피리를 보는 아이들은 하나같이 신기해했고 소녀가 특히 좋아했다. 냉장고에 넣어두며 며칠을 가지고 놀았다. 그 모습이 사랑스러워 다음 해에는 아예 시냇가에 데려가 원하는 만큼 만들어 주었다. 짧은 피리, 긴 피리, 가는 피리, 굵은 피리……. 소녀는 버들피리만큼은 조금 욕심을 낸다. 그날 소녀는 "선생님, 이렇게 즐거운 날은 저 지금까지 처음이에요." 하며 좋아했다.

언젠가 소녀의 엄마가 한 말이 있다. "아무래도 혜린이 선생님 딸 해야 할까 봐요." 소녀와 나의 끈끈한 무엇을 알기에 하는 말이지만, 진심은 아님을 나는 안다. 아무러면 어떠랴. 소녀와 나는 이미 선생님과 제자 그 이상인 것을……. 틈만 나면 전화를 하고 내 집에 오면 5분이라도 더 머물고 싶어하는 소녀. 나 역시 소녀와 함께 있으면 마음 잘 맞는 친구와 있는 것처럼 조금도 지루하지 않다. 디지털 카메라를 들이대며 함께 어떤 포즈를 취해도 조금도 쑥스럽지 않은 소녀와 나. 그렇지만 좀 더 젊지 못한 소녀 옆의 사진 속 내 얼굴이 소녀에게 늘 미안하다.

부디 소녀가 지금처럼만 심성 곱게 성장했으면 한다. 요즘 아이들처럼 제 욕심이나 고집만 부리지 않고, 영악스럽지 않고, 그 나이에 어울리는 말과 행동으로 어디서나 귀염을 받는 소녀. 소녀는 지금 전라북도가 선발한 영재학생이다. 과학과 수학을 특히 좋아하는 이 아이가 공부에만 매달리지 않고 버들피리의 감성을 함께 키워 나가는 것이 얼마나 다행인지 모르겠다. 봄 햇살 같고, 시냇물 같고, 오월의 신록 같고, 종달새 같은 소녀. 소녀와 함께하고 나면 나는 1년치 숲속 공기를 한꺼번에 마신 기분이다.

(2007)

* 소녀는 올해 대학생이 되었다.

촛불을 켜고

교사들에게 3월 한 달은 1년 중 가장 바쁜 달에 속한다. 새로운 아이들 한 사람 한 사람을 파악해야 하고, 수업 짬짬이 학급 교육과정도 짜야 하고, 환경정리도 새로 해야 하고……, 잠시 숨 돌릴 시간이 없다.

오늘은 그런 3월의 마지막 토요일이다. 급한 일은 어느 정도 마무리를 해놓은 상태에서 쉬는 토요일을 맞았다. 이틀이나 되는 휴일이니 그야말로 오붓한 시간이다. 실컷 늦잠을 자고, 한 달 가까이 미뤄놓은 대청소며 밀린 빨래도 하고, 밖에 나가 필요한 물품 몇 가지 사서 돌아오니 벌써 해가 설핏하다. 침대에 쓰러지고 싶게 몸은 피곤했지만 눕는 대신 거실의 전등을 켰다. 그리고 밥상 겸 책상 앞에 앉았다. 오래전 사 놓고 읽지 못한 법정 스님의 책 ≪아름다운 마무리≫를 펼쳐들었다.

법정 스님이 지난 3월 11일 입적하셨다. 살아계실 때 내놓은 이 책의 제목이 이미 죽음을 예고하고 있었는지도 모른다. 스님의 산문집이라면 많이 사서 보아왔지만 법문집 ≪一期一會≫와 함께 사서 남겨 둔 이 책은 천천히 여유를 가지고 볼 생각이었다. 스님의 글은 읽어도 읽어도 싫증이 나지 않는다. 내가 글쓰기에 영향을 가장 많이 받은 사람이 있다면 그분이 바로 법정스님이다. 스님의 글 한 편 한 편을 읽을 때마다 나 또한 물 흐르듯 자연스럽고 감동이 있는 글을 쓰는 꿈을 꾸었다.

≪아름다운 마무리≫는 스님이 오대산 어느 자락 오두막에서 자연과 벗하여 살아가는 이야기이다. 〈아름다운 마무리〉, 〈놓아두고 가기〉, 〈우물쭈물하다가는〉 등 당신의 앞날을 내다본 듯한 제목도 있고, 〈옹달샘에서 달을 긷다〉, 〈겨울 자작나무〉, 〈들꽃을 옮겨 심다〉 같은 서정적인 제목도 많다.

얼마쯤 읽었을까. 갑자기 전깃불이 나가버렸다. 거실만 어두운가 하였더니 바깥도 이미 사물을 분간하기 어렵게 어둠이 내려앉았다. 금방 다시 불이 들어오겠거니 했다. 하지만 3분이 지나고 5분이 지나도 불이 들어오지 않는다. 어둠 속에 무료하게 앉아 있기가 여간 지루한 게 아니다. 전기가 들어오지 않으니 라디오를 들을 수도, TV를 볼 수도 없다. 무슨 일인지 관리실로 알아볼까 하던 차에 안내방송이 나왔다. 근처 전신주의 퓨즈 교체 관계로 앞으로도 30분 이상 정전이 된다는 소식이다.

서랍에 넣어 둔 쓰다 만 양초를 찾아 불을 켰다. 책을 볼 수 있을까 걱정했는데 생각보다 불빛이 넉넉하다. 읽다 만 책장을 다시 펼쳤다. 불빛도 은은하고 촛불 향도 은은하여 절로 마음이 차분해진다. 내 마음이 차분하고 고요해지니 바깥 소음도 거의 느껴지지 않는다. 내 안에 내가 들어앉은 기분이다.

법정 스님 글에서도 종종 보았던 촛불 아래서의 독서삼매. 스님은 전기도 들어오지 않는 두메산골에서 이렇게 늘 촛불로 어둠을 밝혔을 터이다. 묵상하며 책을 보며 마음밭을 가꾸었을 터이다. 그런 생각을 하면서도 불빛이 약해 눈이 피로하지는 않을까 걱정했다. 그런데 오히려 더 편안하다.

어려서 호롱불 아래 공부하던 생각이 난다. 전깃불이 없는 산간오지에서 자라 초등학교를 졸업할 때까지 호롱불 밑에서 공부를 했다. 호롱불은 그을음이 많이 났다. 그래서 아침에 일어나 보면 오빠들도 언니도 동생도 얼굴이 거뭇거뭇했다. '불조심'이란 글씨가 새겨진 그때의 호롱은 지금 내 집 책장 한 자리를 차지하며 한 번씩 내 미망迷妄을 일깨워주고 있다. 만약 그 시절 촛불을 썼다면 초가 그 역할을 충실히 했을 터이다.

촛불은 종교와 깊은 관련이 있다. 종교에서 촛불은 진리, 희생,

자비의 상징인 동시에 신과의 교감을 위한 매개체 역할을 한다. 〈두 자루 촛불 아래서〉에서 보듯 법정 스님과 촛불은 일심동체이다. 기도의 삶, 사색의 삶, 독서와 글쓰기의 삶이 대부분 이 촛불 아래서 이루어지고 있다. 전구의 밝은 불빛 속에서는 나를 성찰할 마음이 되지 않는 것 같다. 너무 어두워도 마찬가지일 것이다. 촛불 밝기의 정도가 사색하기에 딱 좋다. 사나워진 내가 순해지고 착해지는 기분이다.

촛불 아래서는 소설책보다는 시집이나 잠언집이 어울린다. 오늘 손에 잡은 법정 스님의 책이 그렇다. 책을 통해 스님은 우리들 삶의 순간순간이 아름다운 마무리이자 새로운 시작이어야 한다고, 아름다운 마무리는 지나간 모든 순간들과 기꺼이 작별하고, 아직 오지 않은 순간들에 대해서는 미지 그대로 열어 둔 채 지금 이 순간을 받아들이는 일이라고 했다. 당신이 걸어온 길 말고는 다른 길이 없었음을 깨닫고 그 길이 스님을 성장시켜 주었음을 믿는다고도 했다. 이 구절을 읽으며 나도 내가 걸어온 길을 되돌아본다. 나를 성장시켜 준 지나간 시간들에 소중한 마음이 든다. 지금 이 순간과 돌아올 미지를 더 큰 믿음으로 받아들이고 싶다.

전기가 들어왔는지 냉장고에서 윙－ 하고 다시 가동 소리가 난다. 하지만 오늘 밤은 잠자리에 들 때까지 이대로 촛불과 더불어 보내려 한다. (2010)

황매화

지나간 모든 것은 아름답다고 했던가.

어버이날이 이틀 지나서야 부모님 산소에 갔다. 상석床石에 작은 꽃다발 먼저 드리고 동생과 오렌지 한 쪽씩 먹으며 부모님을 추억했다.

이맘때면 묘지 주변에 고사리가 많다. 작년에도 여기서 꺾은 고사리를 1년 내내 두고 먹었다. 올해도 고사리를 꺾고 산나물도 뜯고 삘기와 찔레순도 꺾어 먹었다. 부모님은 돌아가셔서까지 자식들 먹을 것을 챙기시는 것 같다.

산소에 온 김에 고향 집에도 들렀다. 모내기철을 앞두고 사람들은 모두 들일을 나갔는지 마을은 텅 빈 것처럼 조용하다. 느티나무와 정자가 있는 마을 입구에 우리 집이 있다. 어머니는 언제나 여기쁨에서 인기척을 듣고 잰걸음으로 우리를 반기셨다. 하지만 이제 그런 어머니는 말없이 저기 문중의 산에서 내려다보고 계실 뿐이다.

어머니 대신 울타리의 황매화가 우리를 반겨준다. 순도 100% 진노랑색이다. 너무 맑아 눈이 다 시리다. 감나무마다 찻잎 같은 감잎이 피어나고 있다. 가장 오래된 먹감나무도, 아버지 살아계실 때 새로 사다 심은 단감나무도 새 잎에 윤기가 흐른다. 밭 몇백 평 그냥 지어먹는 대가로 빈집 관리를 해주는 하씨네 덕에 잡풀 우거지지 않고 그런 대로 집의 모양새는 갖추고 있는 고향 집, 어머니 살아계실 때처럼 뒤꼍에 아욱이 다보록하다.

전주 집에 옮겨 심겠다며 동생은 황매화를 몇 뿌리 캐고 있고, 나는 아욱과 민들레 잎을 뜯어 다듬고 있다. 그러는 동안 새들이 날아와 우짖는다. 황매화가 있는 울타리로 날았다가 새 잎 돋아난 감나무 가지로 옮겼다가 다시 뽕나무 가지로 옮겨가며 저희들도 우리가 반가운 모양이다.

꽁지깃이 하얀 새 한 마리가 울타리에서 날아오른다. 그 파동으로 벚꽃이 바람에 날리듯 황매화 이파리가 노랗게 흩날린다. 비단보다 얇은 꽃잎이 새털처럼 가볍다. 찬찬히 보니 긴 부채꼴 모양의 꽃잎 한 장에도 실핏줄보다 가는 잎맥이 살아있다.

사실 이 꽃이 황매화라는 이름을 가졌다는 것을 최근에서야 알았다. 울타리에서 해마다 이맘때면 피고 지는 꽃을 어려서는 이름조차 모르고 지냈다. 매화 하면 설중매를 떠올리지 않던가. 눈 속에 피는 매화가 아닌 늦은 봄 감잎 돋아날 때 피어나는 꽃이 황매화이다. 다른 매화처럼 향기가 있는 것도 아니고, 난처럼 고고하지도 않고……, 귀하게 여기지 않았던 게 사실이다.

그런데 오늘 보니 맑디맑은 노란색 예쁜 꽃이다. 꽃잎 한 장은 여인네의 얇은 속적삼 같고 황금빛 찻잔 색을 닮았다. 사물은 저마다 존재 이유가 있다는데 왜 하필 이 꽃은 이맘때 피며 색은 또 어찌 이리 맑은 노랑일까. 황매화에 얽힌 슬픈 전설이 전해오고, 꽃말은 '숭고함', '고귀함', '기다려주오'란다. 노란색은 소녀 시절 내가 가장 좋아하던 색이고 지금도 나는 노란색을 좋아한다. 노란색은 색 중에 가장 채도가 높은 색이며 찬란하고 밝은 색이다. 젊고 쾌활한 색이다. 노란색은 과학예술에 이르는 정신적인 힘이나 예술적인 창조능력을 나타낸다고 한다. 희망과 기쁨을 상징하는 노란색, 아늑하고 행복한 삶을 상징한다는 노란색…….

아버지는 꽃에 무덤덤한 반면 어머니는 무척 꽃을 좋아하셨다. 장독대 주변에 상사화를 심은 것도 어머니이시고, 대문 안팎에 봉숭아, 맨드라미, 채송화를 가꾼 것도 어머니이시다. 그러니 울타리에 황매화를 심을 때도 어머니가 한 역할을 하지 않으셨을까. 내가 알기로 황매화는 생명력이 강하다. 내 어머니와, 나를 비롯한 어머니의 자녀들이 모두 생활력이 강한 것이 이 황매화를 닮았다.

우리는 살아가는 동안 소중한 것을 놓치고 사는 경우가 많다. 황매화를 어려서는 예쁜 줄도 몰랐고, 이름조차 알려고 하지 않았다. 어머니가 그렇다. 어머니는 언제까지나 내 곁에 계실 것 같았지만 어느 순간에 우리 곁을 떠나셨다. 살아계실 때 잘해드리지 못한 걸 후회하지만 이제 와서 무슨 소용이랴.

어머니 가신 지 1년 남짓 지났다. 울타리 황매화를 혼자 보기 아까워 오늘 같은 날 어머니는 더 우리를 기다리시지 않았을까. 머위, 돌나물, 상추 등을 가꿔놓고, 이것저것 먹을 것 마련해 놓고……. 황매화의 노란빛이 어머니에 대한 그리움을 더욱 사무치게 한다.

(2010)

고향의 들녘

기상관측이래 가장 큰 가뭄이라고 한다. 제때 모를 내지 못한 농부들의 한숨이 여기저기서 들려오고, 먹는 물까지 바닥이 난 곳도 한두 군데가 아니다. 급기야 온 국민이 참여하는 '양수기 보내주기' 성금 모금이 방송사마다 요란하다.

이처럼 나라 안이 난리인 속에서도 고향의 들녘 반듯반듯한 논배미에는 지금 물이 넘실대고 있다. 구불구불한 천수답 논들이 변신을 시작한 지 반년 만이다. 논두렁에 아직 풀도 자리잡지 않았지만, 논마다 물이 고인 것만 보아도 마음이 풍요롭다.

IMF라는 국가적 어려움 속에서도 두메산골의 경지정리까지 해주는 정부가 농부들에게는 한없이 고마운 일이다. 농사철마다 하늘의 처분만 바라야 했던 물 문제를 두 기의 관정管井으로 해결해 주었고, 동서로 남북으로 새로 낸 농로까지 포장을 마쳤다. 이제 적은 일손으로도 농사짓기 걱정 없는 세상이 온 것 같다.

넓은 들은 아니지만 이 골짜기 사람들은 이곳 들판에서 난 곡식으로 큰 배를 곯지 않고 살아왔다. 그래서 인심이 박하지 않았고 인근 마을에 비해 교육열도 높다고 했다. 박사 아들을 둔 가정, 성공한 사업가를 둔 가정, 대기업 간부를 둔 가정 등 보따리를 풀면 자랑거리는 많고 많다.

90년대 들어 마을을 가로지르는 포장된 신작로가 생겼다. 서울에서 고향집까지 흙 한 번 안 묻히고 올 수 있게 되었다고 좋아했는가 하면, 성공한 자식들이 보태 준 돈으로 집집마다 앞다투어 현대식 주택으로 개조를 하였다. 누가 보아도 살기 좋은 고향, 돌아가고 싶은 고향으로 보였다.

그러나 이상하게도 빈집은 늘어갔다. 아기 울음소리 한 번 들을 수 없는 한낮에도 적막하기만 한 고향. 마을은 갈수록 활기를 잃어 갔다. 이런 현상이 비단 우리 고향 마을만의 일은 아니건만, 어떤 이는 마을의 허리를 동강낸 신작로 탓으로 돌리기도 했다.

여기에 우루과이라운드 협상으로 농산물 수입개방을 피할 수 없게 되자 농사 말고 다른 일을 해본 적이 없는 마을 사람들로서는 갈수록 절망적이기만 하다. 그래서인지 IMF로 실직을 당해도 고향으로 돌아오는 사람은 없다. 우리들 어머니 아버지의 주름살만큼이나 구불구불하고 주름진 논과 밭, 여기에 엎드려 허리가 땅에 닿도록 일하던 노인들마저 떠나고 나면……, 이런 생각을 하다 보면 답답하고 울적하기만 할 뿐이었다.

마을의 남은 가구래야 겨우 십여 호. 그나마 독거노인과 상노인들만 남은 가정이 반수를 차지하고 있으니 이제 고향은 아궁이 속의 재처럼 사그라질 날이 시간문제인 것처럼 보였다. 순박한 촌로들이 도장을 찍어주어 마을 맞은편에 대단위 양돈단지가 이미 들어섰고, 아랫녘엔 어느 모피회사 산업폐기물까지 들어올 것이라고 한다. 설상가상으로 작년에는 마을금고까지 외지인이 다 들어먹어 그렇지 않아도 무기력한 고향이 쑥대밭이 되다시피 했었다.

이러한 때에 들판의 경지정리사업은 상전벽해桑田碧海와 같았다. 추수를 마친 지난 늦가을부터 들판에 포클레인 소리가 요란해졌다. 반듯하지는 않았지만 그런 대로 형태를 유지해 온 들판이 하루아침에 아수라장처럼 되었다. 겨울의 을씨년스러움에다 들판을 온통 뒤집어놓아 저것들이 언제 다시 모양새를 갖출지 적지 않게 걱정이 되었다. 그때까지 뒤집힌 검은 흙 속에 새로운 희망이 꿈틀거리고 있는 줄 아무도 눈치 채지 못했을 것이다.

우리 동네는 말 그대로 사방이 병풍처럼 산으로 둘러싸인 속에 자리잡고 있다. 마을 뒤로는 일제 때 철을 캐냈다는 폐광이 있는 내동산과 앞으로는 바위가 유난히 많은 고덕산이 있고 옆으로 고만

고만한 산들이 빙 둘러싼 천생 두메산골이다. 개천 하나 저수지 하나 변변한 게 없어, 오로지 하늘만 바라보며 농사를 지었다. 그 사이 전국의 웬만한 들은 거의 다 경지정리가 되었다. 허나 깊은 산중의 계단식 논뿐인 이곳까지 이런 큰 변화가 있으리라고는 마을의 누구도 예상하지 못했을 것이다. 천지가 개벽했다는 말로나 표현할 수 있을까.

정리를 다 마친 들판은 누가 보아도 딴 세상이 되었다. 새로 만들어진 논은 논배미 하나가 대개 700평씩이라고 한다. 이번 경지정리로 아이들의 소꿉장난 터이자 나물 말리기에 안성맞춤이던 노적바위가 사라지게 되었다. 새로 낸 농로 밑으로 묻혀버렸기 때문이다. 미나리도 캐고 가재도 잡고 갯버들 가지도 꺾어 불던 도랑들은 시멘트 농수로로 탈바꿈했다. 분명 엊그제까지만 해도 그 옛날 마을의 규모를 짐작하게 해주던 느티나무 노거수 두 그루가 마주보고 있었는데, 이것마저 간신히 한 그루만 목숨을 부지했다. 나무도 오래되면 영이 깃들었다 하여 함부로 대하지 않았다는데 아쉽다.

온통 새 단장을 하였으니 어쩐지 마을에 좋은 일만 있을 것 같다. 저리 농사짓기 좋은 들판에 우리 이름의 논 한 마지기 없다는 어머니의 탄식이 있긴 하지만, 내 마음이 이리 흐뭇한데 땅의 주인들이야 오죽할까. 팔순 노인들마저 올해 농사는 어찌어찌 짓겠다며 희망에 차 있는 모습이 보기 좋다.

마을의 이장 일을 맡아보는 50줄의 남자부터 시작하여 환갑을 바라보는 남정네 네댓 명이 이 마을의 희망을 짊어지고 있다. 마을의 청년이라 할 수 있는 이들이 기계로 들녘의 농사 다 짓다시피 하고 노인들 모시기에도 소홀하지 않다고 들었다. 이들도 이제는 기존 방식의 쌀농사만으로는 생존이 어렵다는 것을 알고 있을 것이다. 저 반듯반듯한 논배미에다 농산물 수입개방에도 끄떡없는, 경쟁력 있는 고수익의 경제작물을 가꾸어갔으면 한다. 다시 살아 꿈틀거리는 고향에서 젊은이의 맥박을 보는 것 같아 흐뭇하다.

(2001)

밥도둑

– 가죽잎 자반

배가 부른데도 자꾸만 손이 가는 반찬이 있다. 이른바 밥도둑이라고 하는 입맛을 사로잡는 음식이다. 사람마다 조금씩 차이는 있지만 대개 간장게장, 더덕장아찌, 묵은지 등을 그렇게 말한다. 오가다 '밥도둑'이라는 식당 이름을 만나면 한번 들어가 보고 싶은 생각도 들게 한다. 밥도둑이란 입맛을 돋우어 밥을 많이 먹게 하는 반찬 종류를 비유적으로 이르는 말이다.

몇 주 전 목요일, 군산청소년수련원에서 우리 학교 선생님들의 배드민턴 친목대회가 있었다. 나는 배드민턴을 직접 할 수는 없지만 참가하는 데 의의를 두고 물어물어 찾아갔다. 주차장에 차를 세워두고 회관 쪽으로 내려오는데 고갯마루에 노점상이 있었다. 장계산을 등산로 삼아 오가는 사람들이 손님인 듯하였다.

펼쳐놓은 나물 중에 가죽나무 순이 눈에 들어왔다. 값을 물어보니 작은 두릅 같은 한 묶음이 3천 원이란다. 그냥 오려다 어려서 먹던 자반 생각이 나서 세 묶음을 사서 가져왔다. 사 온 즉시 데쳐 볕 좋은 베란다에 널어놓았다. 어느 정도 말리고 보니 한 줌이나 될까? 자반을 만들기엔 너무 양이 적었다.

그러던 중 어느 하루, 저녁 준비를 하고 있을 때 이웃에 사는 아주머니가 오셨다. 친정 동네 삼계에서 산나물을 캐왔다며 맛이나 보라고 하셨다. 이때 아주머니가 베란다 소쿠리에 담겨 있는 가죽 순 말린 것을 보았다. 내가 가죽잎 자반을 좋아한다고 했더니 "그거 하나면 밥도둑이지!" 했다. 그러면서 지금 노점에 좋은 가죽잎이 나와 있는 걸 보았다고 한다. 귀가 번쩍 뜨였다. 당장 사러 가겠다고 하자 아주머니가 돈만 달라고 한다. 그러더니 이내 가서 한 가슴 안고 왔다. 몽땅 사오면서 만 원도 안 주고 사 온 것 같았다. 그대로 앉아 아주머니가 쇤 부분을 다듬어내고 더운 물에 데쳐주었다. 데친 가죽 순을 소쿠리에 널어주기까지 하고 아주머니는 돌아갔다.

어려서 우리 집 우물가에는 가죽나무가 두 그루 있었다. 하늘로만 솟아 자란 가죽나무는 어린 내가 보기엔 잎을 따기에는 너무나 아득했다. 아버지께서도 장대에 낫을 묶어 손 닿는 곳의 순만 따고 그나마 더 높은 것은 따지 못했다. 그러니 새잎이라고 해야 얼마

되지 않았다. 적으면 적은 대로 어머니는 이것으로 손이 많이 가는 자반을 만드셨다. 양념한 찹쌀풀 입혀 채반에 펼쳐 놓은 장독대 위 가죽잎에선 자르르 윤기가 돌았다. 실고추와 통깨까지 얹은 자반이 꼬득꼬득 말라 갈 때, 기다리지 못하고 조금씩 떼어 먹기도 했다. 그 맛이 독특하고 향도 아주 좋았다.

지금껏 그 맛과 향을 잊지 못하고 살아왔다. 동생 말마따나 언제나 '한 실쌈' 하는 내가 어머니 혼자 고향 집에 계시던 어느 해에 이것이 먹고 싶다고 했다. 그 말을 들은 팔순 어머니께서 가죽 순을 따러 온 동네를 다니다 옻이 올라 오랫동안 고생을 하시기까지 했다. 사람이든 음식이든 무엇에 길들여진다는 게 이렇게 무섭다.

가죽나무는 참죽나무 또는 참중나무라고도 하는데, 참중나무라는 이름은 스님들이 참으로 좋아하는 나무라 하여 붙여진 이름이라고 한다. 가죽잎에는 독특한 향이 있는데, 비타민 B와 C, 카로틴이 풍부하고 칼슘과 칼륨도 다량 함유되어 있어 사찰에서는 장아찌, 나물, 자반, 차, 전 등 고급 음식 재료로 쓰인다고 알고 있다. 가죽잎으로 만든 음식은 민가에서도 매우 귀한 음식이었다고 하고, '맛도 향도 참 좋고 몸에도 참 좋은 참죽'은 밥반찬은 물론 술안주로도 최고라고 한다.

데쳐 널은 가죽잎이 어느 정도 말랐을 때, 자반으로 만드는 일은 교동 한옥에 사는 동생에게 부탁을 했다. 찹쌀풀을 입혀 뒤집어가며 말려야 하는, 손이 많이 가는 과정은 마당도 있고 장독대도 있는 동생의 집이 알맞을 것 같아서였다. 그랬더니 경험이 없는 동생이 윤기 흐르는 그 옛날 자반이 아닌 부각 재료를 만들어 놓았다. 아쉬운 대로 잘게 부수어 소금 솔솔 뿌려가며 기름에 볶아 먹어야 했다. 다행히 독특한 향 때문에도 김부각보다는 훨씬 맛이 있다.

봄에만 먹을 수 있는 것으로 알았던 두릅나물을 오늘날은 계절을 초월하여 먹는다. 이렇듯 가죽나무도 하우스 재배를 하면 얼마든지 사계절 어린 잎을 생산할 수 있지 않을까. 농가의 고소득 작물이 될 수 있을 것 같아 고향에서 농사짓는 친구들 생각을 해보았다.

오늘 저녁 식사는 비빔밥이다. 미나리와 취나물 등 남은 나물에 양념한 고추장을 넣고 비볐다. 여기에 볶은 가죽잎 한 숟갈을 넣으니 참기름 친 것에 비할 바 아니게 맛이 좋다. 한 그릇을 뚝딱 비웠다. 그래도 언젠가는 내 손으로 가죽잎 자반을 꼭 만들어 먹고 싶다.

(2008)

신선의 바람을 타고

일요일부터 시작하여 재량휴업일, 부처님 오신 날, 개교기념일로 이어지는 황금 같은 연휴를 맞았다. 새학기 시작부터 5월 운동회까지 하루도 느슨할 새 없는 숨 가쁜 나날이었다. 재충전이 필요하다 싶은 때에 맞는 4일간의 연휴인지라 오래전부터 기다려왔다.

이런 때에는 나는 보통 책을 보거나 미루어 놓은 글을 쓰거나 하며 휴식의 시간을 갖는다. 그러나 이번에는 여행을 다녀오기로 했다. 목적지는 서해 고군산군도. 그 중에서도 선유도와 인근 섬이다. 선유도는 내 직장이 있는 군산의 앞바다에 있는 작은 섬이다. 군산에 발령을 받아 4년 가까이 근무를 하고 있지만 내륙 도시인 전주에서 출퇴근을 하기 때문에 서해 바닷가로 나가 볼 기회가 좀처럼 오지 않았다. 군산을 떠나기 전 꼭 한 번은 가보고 싶은 섬이 선유도였다. 신선들도 머물며 놀고 가는 섬이라는 선유도…….

여고 시절 친구 중에 선유도가 고향인 친구가 있었다. 키도 크고 예쁘장하고 공부도 썩 잘했던 친구지만 아버지가 안 계셨다고 기억하고 있다. 다행히 교회 목사님이 양아버지가 되어주어 전주로 고등학교를 진학할 수 있었고, 졸업과 동시에 예수병원에 취직까지 했다. 학창 시절 이 친구에게 명사십리해수욕장과 해당화에 대해 들은 적이 있어 선유도는 나에게 늘 그리움의 섬이었다.

이번 여행은 아동문학을 하는, 서울 근방에 사는 글 친구 J와의 동행이다. 9시에 군산역에서 친구를 맞았다. 그리고 곧장 여객선터미널로 향했다. 10시에 배에 올라 1시간 20분 만에 선유도에 도착했다. 물결 잔잔한 뱃길을 따라 오는 동안 신시도까지 연결된 새만금방조제를 볼 수 있었다. 머지않은 장래에 신시도에서 무녀도까지 다리가 놓일 것이라고 한다. 무녀도－선유도－장자도가 이미 다리로 연결되어 있으니 그렇게 되면 선유도는 섬이 아닌 육지가 된다. 그 전에 배를 타고 섬을 여행하고 싶었다.

이곳 섬들은 자동차를 이용할 수 없다. 그래서 차는 육지에 두고 몸만 왔다. 그 대신 이곳에서는 전동카트를 이용해야 한다고 들었다. 이것도 선유도 내에서만 가능하고 무녀도와 장자도는 걷거나 자전거를 이용해야 한다. 걸음이 불편한 나는 사실 그게 가장 걱정은 되었지만 어차피 여행은 모험과 도전하는 데 묘미가 있는 법이다.

배에서 내리자마자 손님을 기다리던 전동카트 무리를 만났다. 제일 먼저 마주친 전동차 운전기사 겸 가이드 아저씨에게 우리는 그만 낚이고 말았다. 친구와 나는 점심도 거른 채 선유도 투어를 시작했다. 카트에 오르자마자 가이드가 섬 안내를 시작했다. 고군산군도의 섬은 총 63개, 이 중 사람이 사는 섬은 12개, 섬 사람들은 주로 김 양식을 많이 한다는 것을 기억하기 쉽도록 63빌딩과 열두 달과 우리나라에 가장 많은 성씨를 연결하여 설명했다. 입심만큼이나 독창성도 있는 아저씨였다.

카트를 타고 천천히 달리는 동안 주변 경관을 모두 볼 수 있었다. 가이드는 달리는 동안에도 선유낙조, 평사낙안, 명사십리와 해당화, 망주폭포, 소원등대 등 선유 8경과 명물 등을 친절하게 안내했다. 이 가이드야말로 선유도의 명물이 아닐까 싶었다. 구수하고 친절하고 선유도에 대한 자부심도 컸다.

소원등대에서 잠시 차를 쉬었다. 가이드가 등대에 '소원'이라는 이름이 붙게 된 이유를 설명하는데 귀가 솔깃했다. 인근 해안가에 있는 굴 앞의 바위를 가리키며 무엇을 닮았는지 물었다. 밑의 큰 바위는 거북이를 닮았고, 그 위에 올라앉은 작은 돌은 두꺼비를 닮았다. 거북이 등에 두꺼비가 앉아 있는 형상이었는데, 두 동물 모두 사람들이 신성시하는 동물이다. 이곳 등대쯤에서 그쪽 바위를 보며 소원을 빌면 그 소원이 이루어진다는 전설이 있어 소원등대란다. 단, 소원은 꼭 한 가지만 말해야 한다나 뭐라나. 나도 마음속으로 소원 한 가지를 빌었다.

선유도에는 독특한 매장 문화가 있다. 초분草墳이라는 전통 장례 풍속의 하나로 사람이 죽으면 짚으로 가매장을 하였다가 육탈이 된 뒤에 땅에 묻는 이중 장례 풍습이다. 갑작스런 상을 당하거나 한정된 토지에 묘지를 확보하지 못하거나 고기잡이 나간 상주를 기다리는 경우, 또 정월에 사람이 죽으면 흙을 다루지 않는 풍습이 있어 이곳 섬에서는 초분을 이용했다고 한다. 70~80년대까지 이런 풍습이 남아 있었다고 하는데, 이런 과정을 보여주는 공원이 조성되어 있는 것도 이곳만의 볼거리였다.

마주치는 사람마다 일일이 인사를 나누는 오지랖 넓은 가이드 아저씨. 현지인들 얘기론 아저씨가 '말빨이 쎄다.'고 했다. 그만큼이나 입심이 좋고 아는 것도 많아 보였다. 참새가 방앗간을 그냥 지나치지 못하듯 아저씨는 길목에서 만나는 사람마다 말 한 마디씩 건네지 않고는 못 지나친다. 원래 선유도 한 번 투어 값은 3만 원이라고 들었는데, 마음씨 좋은 아저씨가 다리가 불편한 나를 배려하여 장자도까지 투어를 해주겠다고 했다. 덕분에 장자대교를 카트를 타고 건널 수 있었다. 배낭을 멘 채 터벅터벅 걷고 있던 사람들이 우리를 보고 갸우뚱해 하면 아저씨는 "이 섬 주민이구만요." 하며 너스레를 떨었다. 그럴 때마다 쿡쿡 웃음도 나오고 그저 아저씨가 고마웠다. 장자도는 바지락과 갑오징어가 많고, 해마다 여름이면 멸치잡이 배가 만선을 이루는 섬이라고 한다. 산란기를 맞은 갈매기들과 빨간 부리의 멋쟁이 검은머리물떼새가 연신 입질을 하는 모습을 한동안 넋을 놓고 구경했다.

주민 700여 명이 사는 선유도에도 우체국, 은행, 파출소 등 있을 건 다 있다. 전교생 16명의 초등중학교가 하나 있는데, 다행스럽게도 교육환경에 해로운 다방이나 PC방, 육지에는 그 흔한 학원 하나 없어 아이들은 청정의 자연만이 친구이자 놀이기구이다. 교사인 내가 학교를 그냥 지나칠 수야 없지. 선유도초등학교를 둘러보았다. 우람한 장자봉이 바라다보이는 전망 좋은 이런 학교에서 소수의 아이들과 생활하는 꿈을 꾸어보기도 했다. 우리 학교 같으면 한 클래스도 되지 않는 선유도 아이들, 이 중 어떤 학년은 한 반에 단 한 명도 학생이 없다고 한다. 복식수업이 이루어질 수밖에 없는 이런 학교는 안타깝게도 교사들에게나 학생들에게나 그리 좋은 교육환경은 아니다.

가이드 아저씨에게 정해진 금액보다 얼마를 더 얹어 지불하고 숙소를 정해 여장을 풀었다. 그런데 마음씨 좋은 가이드 아저씨, 짐도 다 풀기 전 어서 나오라며 전화를 했다. 이번에는 우리를 무녀도에 데려가 주겠다고 인심을 쓴다. 아저씨는 카트를 모는 동안 인근의 섬 이름도 알려주고 천연기념물인 모감주나무 군락지도 보여주고 염전에도 데려가 주었다. 아저씨의 서비스 정신은 100점 플러스 100점이다.

여기쯤에서 아저씨가 가족 이야기와 딸 자랑을 했다. 아내는 바람이 나 육지로 도망을 가버렸고, 2년 동안 혼자서 딸을 키웠다고 한다. 이 딸이 얼마 전 전라북도가 주최한 새만금백일장에서 장원을 하였다는데 섬 주민들이 플래카드까지 걸어주었다며 자랑스러워했다. 언제나 해가 비친다는 뜻의 예쁜 이름을 가진 딸은 지금 〈개콘〉을 보러 육지로 나가고 없단다. 외로움 때문인지, 삶의 고단함 때문인지, 농담을 많이 하면서도 아저씨의 얼굴엔 쓸쓸함이 비쳤다.

어쨌거나 친구와 나는 만리장성을 쌓기 위한 하룻밤에 들어갔다. 나는 짐을 줄이느라 원고 한 편 가져오지 않은 반면 친구는 첫 동시집을 낼 자료를 한 뭉치 가지고 왔다. 가장 편안한 자세로 둘이서 세미나하듯 작품 한 편 한 편을 보며 의견을 나누었다. 일행이 한 사람만 더 있었어도 이런 시간을 갖기 쉽지 않았을 것이다. 동시집에는 생태 동시에 특히 좋은 작품이 많았다. 친구는 동화도 쓰고 동시도 쓰는 아동문학가로 확고하게 자리를 잡은 반면, 나는 수필 한 가지도 근근이 쓰는 무늬만 작가이다. 둘이서 함께한 오붓함이 컸는데 시간은 벌써 자정이 넘었다. 불을 끄고 잠자리에 들었다.

두런두런 이야기를 나누다 친구가 먼저 잠이 들고 나도 이내 잠이 들었다.

다음 날 아침, 7시가 다 되어 눈을 떴다. 먼저 밖에 나갔다 온 친구가 바닷물이 만조라고 한다. 어제 저녁 빠져나갔던 물이 저녁내 다시 밀려온 것 같다. 아직 바람은 많이 불지 않는다고 한다. TV를 켜고 일기예보를 보았다. 역시나 오후부터 비와 바람이 심해질 거라는 예보다. 이런 일기예보에도 불구하고 섬에 들어올 때는 용감무쌍하던 친구가 웬일인지 하룻밤 더 묵고 가자고 한다. 파도는 핑계인 것 같고 오랜만에 만났는데 헤어지기가 섭섭한 것 같다. 하지만 파도로 인해 며칠씩 발이 묶이는 건 서로가 원치 않는 일이다.

식당에서 아침식사를 하는 동안 문득 멋진 생각이 떠올랐다. 우체국에 들러 그리운 사람에게 엽서를 적어 보내는 거다. 친구도 멋진 생각이라며 좋아했다. 낯선 곳에서 우체국을 찾는 일이 좀 쑥스럽기는 했다. 찾는 사람이 거의 없다며 우체국 직원이 서랍 깊은 곳에서 꺼내 건네주는 엽서를 받아들고 친구는 남편과 아들에게, 나는 먼 곳에 있는 사람과 전학 간 두 제자에게 편지를 썼다. 친구의 생태 동시도 같이 적었는데, 시를 적을 때도 우체통에 엽서를 넣을 때도 가슴이 설렜다.

다시 군산으로 돌아오는 배에 올랐다. 신선도 그냥 지나치지 않고 놀다 가는 섬이라는 선유도, 친구와 나는 그 신선들의 옷자락이 일으키는 바람 속에 머물다가 그 바람을 타고 선유도를 떠나온 기분이다. 그동안의 마음의 찌꺼기들이 말끔히 씻겨나간 것 같다. 친구의 카메라 속에 모두 담긴 오고 간 흔적은 머지않아 파일로 전해 올 것이다.

(2011)

검정 고무신

부슬부슬 비가 내리는 날이면 이상하게 그녀와 나는 어디론가 떠나고 싶어한다. 오늘도 그녀는 자유로운 차림이다. 화장기라곤 전혀 없는 민얼굴, 헐렁한 티셔츠와 면바지, 맨발에 고무신만 끈 채 '그물에 걸리지 않는 바람' 같다. 이런 그녀와 오늘 청운사 하소 백련축제를 보러 가는 길이다.

출발한 지 얼마 만에 멀리서도 백련연지白蓮蓮池가 눈에 들어왔다. 이제 막 꽃망울이 벌고 있는 청운사 연지는 계단식 다랑이 논이 대여섯 개 모여 이루어졌다. 이번에도 빠뜨릴쏘냐. 그녀와 나는 만남을 자축하는 술잔을 부딪쳤다.

그녀와는 첫 만남부터 자석의 끌림 같은 것이 있었다고 말하고 싶다. 어느 날 한 문학모임에 나타나 소개하기를 자신은 시를 쓴다고 했다. 그런데 중년의 외모에서 풍기는 보통의 느낌과는 뭔가 달랐다. 많은 말을 하지 않는데도 첫 느낌이 그랬다. 알고 보니 그녀는 나와 동갑내기이고 어느 정도 취향도 비슷했다. 만날수록 호흡이 잘 맞아 언제부턴가 우리는 마음만 움직이면 금방이라도 도심을 벗어나곤 한다.

그녀가 고무신을 신은 모습을 처음 본 것은 임실任實 어느 초등학교 운동장의 벚꽃을 보러 갈 때였다. 그때는 보라색 고무신을 신고 있었다. 멋으로 그러는 것은 아닌 것 같고, 역시 첫 만남 때처럼 꽤 개성이 강한 친구라는 인상을 받았다.

나에게도 마침 고무신이 한 켤레 있었다. 아버지께서 살아계실 때 사 주신 신발이다. 임실장에 다녀오겠다며 중절모 챙겨 대문을 나서는 걸 보고 어렸을 적 장에 다녀오시는 아버지 손에 들려 있던 추억의 물건들이 생각이 났다. 얼른 떠오른 검정 고무신을 사다 달라고 부탁을 드렸다. 하지만 나는 그녀처럼 일상생활에 신고 다니지는 않고 차 트렁크에 넣고 다니며 물가에 갔을 때나, 준비 없이 산에 오르게 될 때 구두와 바꿔 신는 정도이다. 그날 우리가 같은 고무신 마니아인 것을 확인시켜 주려고 그녀의 보라색 고무신 앞에 나의 검정 고무신을 펼쳐 보였다. 그녀는 내 검정 고무신을 몹시 부러워했다.

그만한 소원 하나 들어주지 못할까. 오늘 청운사에 올 때 새 검정 고무신을 한 켤레 안겨주었다. 3천 원밖에 안 나가는 신발을 들고 대단한 선물이라도 받은 듯 어루만지곤 하는 그녀. 남정네의 어깨처럼 튼실하고 잘생기지 않았냐며 몹시도 흡족해한다. 이제 그녀의 걸음걸이는 더 당당해졌다. 성큼성큼 발을 떼어 연꽃 향기를 맡는가 하면 연못에 발을 빠뜨릴 듯 장난을 떤다.

그녀가 사십 중반에 고무신을 신고 거리를 활보할 수 있는 것은 결코 평범한 행동은 아니다. 이런 배짱만큼이나 의협심 또한 만만치 않아 그녀 앞에서 잘못 처신했다가는 버스운전사도 식당 종업원도 매섭게 야단을 맞는다. 거리에서 엿장수를 만나면 스스럼없이 가위를 빼앗아 들고 농담과 가위질을 해대는 그녀. 이런 여유와 넉살은 어디에서 온 것일까.

타고난 기질만큼이나 그녀는 폭이 넓고 감성도 풍부하다. 소풍을 갈 때마다 김밥과 칠성사이다와 삶은 달걀이 있어야 한다며 챙겨오고, 노점상에서 번데기와 술빵을 보면 그냥 지나치지 못하는 것도 그녀이다. 열쇠꾸러미에 손전화와 호루라기까지 주렁주렁 한 묶음으로 들고 다녀 주위의 시선을 끌면서도 거칠 것이 없다.

그녀가 기억하는 것들은 매우 문학적이다. 세 살 때, 자다 일어나 보니 엄마는 안 계시고 개구리 소리만 요란하더란다. 그 소리를 들으니 더 울음이 나더란다. 이런 일도 있다. 그녀의 자매 넷은 모두 음력 5월생이다. 농사일에 바쁘다 보면 딸들 생일쯤이야 잊어버리기 일쑤일 터. 아무도 불평을 하지 않는데 유독 어린 그녀만이 "찬물이라도 한 그럭 떠 놈사!" 하며 훌쩍거렸단다.

그녀는 시에 대해 자기만의 분명한 줏대가 있다. 등단은 출신학교처럼 평생을 따라다니는 꼬리표라며 신중하고 엄격한 자세를 가지는 그녀이다. 시를 낭송하고 암송하는 실력도 실력이거니와, 시 한 줄도 그냥 줄이 아니라 꼬불꼬불 꼼꼼하게 밑줄을 쳐가며 읽는 진지함을 지녔다. 남이 쓴 시의 이해력도 뛰어나 시보다 해석이 좋을 때도 있다. 성격만큼이나 그녀의 시는 깊이가 있고 짱짱하다.

이런 그녀에게 고무신은 시와 같은 것이다. 정신의 자유를 상징한다. 고무신은 소박하지만 꾸밈이 없고, 소탈하면서도 뚝심이 있다. 그녀의 고무신 철학-고무신은 흙의 부드러움, 모래의 사각거림, 자갈의 동글동글한 감촉을 모두 느낄 수 있어 좋다. 내가 사준 것인데도 내 것보다 자기 것이 더 어깨 듬직한 남자 같다며 우쭐대는 그녀. 매사 자신감이 넘치는 만큼 자기 것에 대한 자부심 또한 크다.

그녀는 시를 쓰고 나는 수필을 쓴다. 상호 보완관계라고나 할까. 핵심만 짧게 하려는 경향의 그녀는 내 말이 조금 길어진다 싶으면 약속하리만치 싹둑 나머지를 잘라버리고 만다. 마음을 나눌 벗 한 명만 있어도 성공한 인생이라고 누가 말했던가. 허울 다 털어 버리고 줏대 있고 당당한 이 친구와 인생의 먼 길을 오래오래 함께 걷고 싶다.

연지蓮池를 돌아본 뒤 우리는 평화동 아파트단지 근처에서 헤어졌다. 검정색 '조선나이키'를 신은 채 6차선 횡단보도를 건너는 그녀의 걸음걸이에 언제나처럼 힘이 넘치고 있다.

(2003)

2부

운일암반일암

아버지는 옥색 조끼와 옥색 허리끈, 옥색 대님과
흰 구두로 멋을 부릴 줄도 아셨다.
잠자리 날개 같은 흰 모시옷을 아버지는 구김도 지지 않게
입고 다니셨으며, 출타 시 손에는 늘 합죽선이 들려 있었다.
이렇게 차려입은 아버지한테서는 정자나무 그늘의
시원한 바람이 느껴졌다.

아버지의 합죽선

전주단오제가 열리는 덕진공원은 한창 잔칫집 마당이다. 후백제의 견훤대왕을 기리며 시민의 화합을 기원하는 별신굿을 비롯, 곳곳에서 풍물놀이와 노래자랑과 국악 한마당이 펼쳐진다. 단오음식 나눠먹기, 부채 만들기, 그네뛰기……, 한쪽 준비된 공간에서는 고개를 숙인 채 창포물에 머리를 감는 사람들도 보인다.

인파는 장년층보다는 주로 노년층이다. 젊은 사람들은 직장일 등으로 행사에 그리 관심을 두지 못하는 반면, 많은 어르신들은 해마다 때를 놓치지 않고 찾아온다고 한다. 혼자보다는 대개가 마을이나 노인회, 계모임 단위로 오는 것 같다. 마련해 온 음식 보따리의 규모가 그것을 말해 준다. 있는 대로 볼륨을 높인 소음에 가까운 마이크 소리로 귀가 멍멍한데도 거나해진 노인들은 마냥 기분이 좋으시다.

중절모를 쓴 할아버지들이 유난히 눈에 많이 띈다. 모시 한복 곱게 차려입고 손에 접부채를 든 한량은 그 중에서도 군계일학群鷄一鶴 같다. 내 눈길을 오래 붙잡는다.

예부터 부채는 멋과 풍류의 상징이자 없어서는 안 될 여름철 생활필수품이었다. 더위를 식히고 햇빛을 가리며 의식과 장식용으로도 널리 이용했다. 해마다 단옷날이 되면 부채를 선물하는 풍습도 있었는데, 부채의 본고장인 이곳 전주全州 사람들은 부채를 여름 의복의 하나쯤으로 여긴다.

내 아버지가 그랬다. 아버지의 여름 정장은 언제나 모시 한복에 합죽선에 중절모 차림이었다. 아버지는 옥색 조끼와 옥색 허리끈, 옥색 대님과 흰 구두로 멋을 부릴 줄도 아셨다. 잠자리 날개 같은 흰 모시옷을 아버지는 구김도 지지 않게 입고 다니셨으며, 출타 시 손에는 늘 합죽선이 들려 있었다. 이렇게 차려입은 아버지한테서는 정자나무 그늘의 시원한 바람이 느껴졌다.

아버지가 비싼 합죽선을 살 만한 형편이 되셨던 건 물론 아니다. 이 부채는 대한민국 최고 대학을 나와 대학교수까지 된 맏아들한테서 선물받은 것이었다. 아버지는 외출할 때 꼭 합죽선에 어울리는 옷차림을 하셨으며 등은 꼿꼿하고 걸음걸이는 더 반듯해졌다. 자식 농사를 위해서라면 기름진 전답을 파는 것도 아까워하지 않았기에

늘그막엔 변변한 논 한 마지기가 없던 아버지. 하지만 그 덕분에 말년에는 자식들이 드리는 용돈으로 생활을 하셨는데, 조반만 드시면 합죽선부터 챙겨 출타 준비를 하였다. 하다못해 인근 장터에라도 나가시려는 것이다. 신작로에 서서 버스를 기다리며 살랑살랑 부채질을 하는 아버지 모습은 참으로 한가롭고 여유로워 보였다.

이렇게 차림을 한 아버지가 말년에 주로 가신 곳은 집에서 차로 한 시간 거리에 있는 전주 싸전다리 밑이었다. 그곳에 가서 친구도 만나고 좋아하는 팥죽도 사 드시고 민화투도 치셨다. 그나마 돈 없으면 가고 싶어도 못 가는 곳이 싸전다리 밑이라고 했다.

어느 날 아버지가 또 합죽선 챙겨 마을 회관 앞에 나타나셨겠다. 보다 못한 어머니가 날마다 차비만 해도 얼마냐며 성화를 대신다. 아녀자가 웬 간섭이냐는 듯 이내 호랑이 눈을 하시는 아버지. 어머니는 더 이상 항변을 못하고 말을 삼키고 만다. 언제나 이런 식이었다.

저물기 전에 아버지는 어김없이 돌아오는 버스에 오르신다. 기분 좋을 만큼 약주도 몇 잔 잡숫고, 합죽선이 들린 맞은편 손에는 어머니를 위한 사탕이나 과일 한 봉지쯤은 들려 있곤 했다. 어머니가 부탁하지 않아도 갈치 한 마리라도 실한 것을 사셨고, 언제 올지 모를 손자들을 위해 마른 오징어 몇 마리를 사 오기도 하셨다.

그토록 애지중지하던 부채의 종이를 바꿀 때가 되었을 때, 아버지는 새 한지를 바른 다음에 이번에는 들기름까지 듬뿍 발라 지니셨다. 쉽게 해지지 않게 하기 위해서였다. 한창 재미를 붙인 게이트볼을 하러 다닐 때조차도 합죽선은 아버지 최고의 애장품이었다. 혈액암을 앓던 그해 여름에도 아버지의 머리맡에는 언제나 예의 그 합죽선이 놓여 있었다.

돌아가시고 유품을 정리할 때, 자식들은 아버지의 숨결이 배어 있는 부채만을 서로 지니고자 했다. 결국 부채의 소유권은 다시 큰오빠에게 돌아갔다. 합죽선은 성공한 큰자식을 둔 아버지의 프라이드 같은 것이었으니까.

아버지는 젊어서 한때 빚에 많이 시달리셨다. 계획한 큰 일이 마음대로 되지 않은데다 자식들의 교육문제로 전답을 팔아도 빚은 자꾸 불어만 갔다. 이 부채로 훨훨 부채負債를 날릴 수 있었더라면 아버지의 어깨가 조금 더 일찍 가벼워지셨을까.

나는 오늘 단오제에 온 노인들 속에서 내내 아버지를 생각했다. 살아계셨다면 얼음과자라도 사서 손에 들려드리고 싶은 아버지—. 그리운 마음이 자동차보다 먼저 전주천 싸전다리로 향해 갔다.

(2003)

찐 감자를 먹으며

– 정정애 선생님 전에

선생님!

오늘도 전주 날씨는 그야말로 불볕더위였습니다. 자동차가 잰 바깥 온도가 지열까지 더하여 자그마치 39도를 오르락내리락했습니다. 가만히 있어도 땀이 비 오듯 흐르는 이렇게 무더운 한낮 선생님께서 시내 걸음을 하신 게 내내 마음에 걸립니다. 댁에는 잘 들어가셨는지요.

집에 오자마자 차에 실어주신 상자며 비닐봉지를 열어보았습니다. 큼지막한 상자에는 실한 감자가 들어 있고 비닐봉지에는 깻잎, 가지, 근대 등 선생님께서 직접 가꾸신 채소들이 가지런히 들어 있습니다. 꼭 어머니가 싸 주신 보따리를 푼 기분입니다.

지난 7월 며칠인가, 그때도 선생님께서 전화를 주셨지요. 시간

괜찮으면 같이 점심이나 먹자면서요. 학기 중이라 시간이 여의치 않아 뵙지는 못했지만 제 생일을 챙겨주시려 하는 선생님 마음을 어찌 제가 모르겠어요. 그런데 선생님께서 이 삼복더위에 오늘 또 전화를 하신 겁니다. 방학 중에 기어이 밥이라도 한 그릇 사주고 싶으신 그 마음으로요. 그렇지 않아도 연수를 마치면 선생님부터 찾아뵈려 하던 참이었습니다. 언제부턴가 당뇨가 생겼다며 현미보리밥으로 도시락까지 싸 와 드시면서도 저한테는 많이 먹으라며 아구찜을 자꾸 접시에 담아주신 선생님……, 마치 돌아가신 저의 어머니 같으셨습니다.

언제부터일까요? 선생님께서 어머니같이 되신 지가요. 중학교 1학년 때 선생님을 저의 담임선생님으로 만났으니 사제 간의 인연이 된 건 벌써 40여 년입니다. 그때 미술을 가르치셨던 선생님을 따라 몇 차례 사생대회에 다녀 온 것부터 시작하여 고등학교 입학원서를 쓸 때 선생님의 도움을 받은 것이 더 끈끈한 인연이 된 것 같습니다. 그때 저는 졸업하던 해에 바로 상급학교에 진학을 하지 못했었지요. 내 손으로 학비를 벌며 진학의 꿈을 포기하지 않을 때 가장 용기를 주고 도움을 주신 분이 바로 선생님이셨습니다. 체력장 날짜와 준비물 등을 편지로 적어 보내주고, 지원했으면 하는 학교도 조언해 주고, 시험 날짜와 수험표 등도 꼼꼼히 챙겨주셨습니다. 그런저런 선생님의 도움을 받아 마침내 그렇게도 가고 싶던 고등학교에 진학할 수 있었습니다.

지금 생각해 보면 선생님께서는 형편이 넉넉한 제자들보다는 저처럼 가정환경이 어려운 제자들에게 더 마음을 쓰셨습니다. 중학교 졸업 이후에도 저 말고도 늘 선생님의 관심권 안에 있었던 친구들이 지금도 선생님 이야기를 많이 합니다.

참 세월이 빠르기도 합니다. 눈에 삼삼한 일들이 엊그제 같은데 벌써 수십 년이나 흘렀습니다. 그 긴 세월 동안 사제 간에 연락이 끊어지지 않은 것은 순전히 선생님 덕분입니다. 제가 잠시 소식이 뜸하다 싶으면 선생님께서 먼저 전화로 안부를 물어주셨지요. 그리고 오늘처럼 이것저것 꾸려 주고, 김치도 담가 주고, 생일까지 챙겨 주고는 기꺼워하셨습니다.

언제부턴가 선생님과 저는 스승과 제자 관계에서 나아가 엄마와 딸, 때로는 친구가 되기도 합니다. 둘이 만나 식사를 함께하고 스케치 여행을 다니고 그럴 때 허물없이 가족들 흉을 보기도 합니다. 다른 사람한테는 말 못할 속내도 털어놓는 그런 사이가 되었습니다. 지팡이까지 짚고 다니는 게 늘 죄송한 저를 당신의 수제자라고 자랑삼아 얘기하신다는 선생님……. 이런 제자가 교단에 서기까지의 과정을 지켜보며 누구보다도 기뻐하신 선생님……. 그러는 사이 제 머리도 희끗희끗 어느새 선생님과 제가 같이 나이 들어갑니다.

퇴직 후, 그림 그리는 일에만 몰두할 수 있어 인생의 황금기인 듯 행복하다는 선생님이십니다. 그런 선생님의 네 번째 개인전 축사를 써드린 게 큰 뿌듯함으로 남습니다. 그림 그리며 글도 쓰며 짬짬이 가꾼 채소들을 선생님의 여섯 번째 자식인 양 챙겨 주시는 선생님께 늘 감사할 따름입니다.

주먹만 한 감자부터 몇 개 불에 얹어놓았습니다. 감자가 익을 동안 채소들을 작은 봉지마다 담아 냉장고 아래 칸에 넣어두었습니다. 한동안 찬거리 걱정을 덜 수 있어 마음 든든합니다.

이제 감자가 익은 것 같습니다. 냄비 뚜껑을 열자 뜨거운 김 사이로 서리가 앉은 듯 속살이 드러난 감자들이 보입니다. 포근포근한 감자가 입에 닿자마자 살살 녹습니다. 선생님이 주신 감자라서 더 포근하고 더 달게 느껴지는 저녁입니다.

(2011)

동행同行

국악 실내악단 슬기둥과 소리꾼 안숙선이 함께하는 공연이 전주에서 열렸다. 새로운 국악 운동의 선두주자 슬기둥은 전통음악의 현대화 작업을 통하여 국악의 대중화를 주도해 온 대표적인 국악 실내악단이고, 판소리 명창 안숙선은 국악계의 프리마돈나이다. 안숙선은 중요무형문화재 가야금산조 및 병창 예능보유자이며 판소리 명창으로서 우리 전통음악을 가장 잘 지켜온 대표적인 인물이다.

슬기둥의 음악은 90년대 초 라디오를 통해 처음 알았다. 즐겨 듣던 국악 프로에서 〈어디로 갈거나〉, 〈꽃분네야〉, 〈산도깨비〉 같은 국악가요와 국악동요가 자주 소개되었는데, 모두가 국악과 양악을 접목한 실험적인 음악이었다. 주로 클래식 음악을 즐겨 듣던 나에게도 전혀 낯섦이나 거부감 같은 게 없이 신선하게 다가왔다. 그때부터 나는 슬기둥의 열성 팬이 되었고, 이어서 등장하는 퓨전 음악그룹의 새로운 음악들도 관심을 갖고 듣게 되었다. 퓨전 음악이란 급속도로 변하는 세계화의 물결 속에서 새롭게 요구되는 현대적 감수성을 주체적으로 흡수하여 전통과 현대, 안과 밖의 경계를 자유자재로 넘나드는 음악을 말한다.

서둘러 갔는데도 한국소리문화의전당 중심 공연장인 모악당은 벌써 관객들로 가득했다. 전주의 귀명창들이 다 모인 것 같았다. 젊은 사람들도 곳곳에 보였다. 나와 선배도 지정받은 자리를 찾아 앉으며 살짝 흥분이 되고 설렜다.

슬기둥의 〈고구려의 혼〉이라는 첫 곡부터 청중을 사로잡았다. 전통악기인 아쟁, 대금, 해금 등과 현대적 타악기, 신디사이저 등이 어우러져 고구려의 진취적인 기상을 표현했는데, 서양의 리듬과 선율을 사용하여 변화를 꾀하면서도 관중의 마음속에 고구려의 강맹함이 살아서 그려지게 했다. 〈춘향가〉 중에서 '어사출두' 대목을 재즈기법으로 연주한 〈어?! 사또!!〉 또한 손에 땀을 쥐게 했다. 탐관오리 변사또가 연회를 즐기는 도중 암행어사 이몽룡의 출현으로 어찌할 줄 모르는 장면을 느린 시조 풍으로 시작하여 빠른 장단으로 마무리하는 오혜연의 소리 솜씨가 돋보였다. 기존의 소리 현장에서 느낀 것과는 또 다른 박진감에 청중들의 박수가 그치지 않았다.

2부는 명창 안숙선의 무대였다. 판소리 다섯 바탕의 눈 대목만 뽑아 소리를 했다. 고수가 있기는 했지만 2부의 반주도 거의 슬기둥이 맡아서 했다. 이제 보니 안숙선 명창이야말로 전통에 안주하지 않고 변화를 통해 새로움을 추구하는 대표적인 사람이었다. 특히 〈수궁가〉 중 '토끼 이야기'에서 안숙선 소리의 변화를 보여주는 연주는 매우 흥미로웠다. 여러 가지 동물이 갖가지 인간성을 풍자적으로 묘사하는 〈수궁가〉에서 토끼는 위기의 상황에서 임기응변으로 용왕을 속이고 살아 육지로 돌아가게 된다.

이 절체절명의 순간과 토끼의 기지가 발휘되는 장면에서 안숙선의 박진감 넘치는 소리와 슬기둥의 반주가 빛을 발했다. 특히 이정식의 재즈 연주가 압권이었다. 다 아는 이야기인데도 청중은 모두 손에 땀을 쥐었다. 서양 악기의 대명사라 할 수 있는 색소폰이 판소리와 이렇게도 잘 어울릴 수 있다는 것은 들은 사람만이 느낄 수 있다. 관객들은 안숙선의 나이를 초월한 힘찬 에너지와 토끼같이 귀여운 연기력에도 뜨겁게 환호했다. 마지막 순서로 안숙선 문하생들이 남도민요 〈진도아리랑〉을 열창했다. 메기고 받고, 소리꾼의 노래와 관객의 추임새가 함께 호흡하는 흥겨운 무대였다.

국악은 더 이상 고리타분한 음악이 아니었다. 전혀 어울릴 것 같지 않은 전통악기와 서양악기가 만나 얼마든지 청중을 사로잡고도 남았다. 동서양의 음악이 배타적인 것이 아니라 서로 손을 잡고 발전하고 있었다. 오늘의 공연 타이틀인 '동행同行'이자 어울림……. 어울림이란 두 가지 이상의 것이 서로 잘 조화됨을 이른다. 조화는 곧 소통이요 공감이지 않을까. 역사는 흐르면서 발전한다고 했다. 우리 전통음악도 현대화 작업을 통해 변화 발전해 가고 있는 모습을 직접 현장에서 보았다. 전통음악과 현대음악이 소통하고 공감하며 동행하는 길이 활짝 열려 있었다.

동행의 자세는 어디서고 필요하지 않을까. 오늘 안숙선의 소리를 통해 흥부가 '박타는 대목'에서 아무리 꺼내어도 줄지 않는 돈을 보고 '야 이놈의 돈아 어데를 갔다가 이제 오느냐. …못난 사람도 잘난 돈, 잘난 사람은 더 잘난 돈, 생살지권을 가진 돈…, 불쌍허고 가궁헌 사람들 박흥보를 찾아오소. 나도 오늘부터 기민을 줄라네. 얼씨구나~' 하며 돈타령을 한 것도 같은 동행의 마음이다. 놀부의 욕심과 심술이 아닌, 잘난 사람과 못난 사람, 가난한 사람과 부자가 함께 가는 길, 잘한다! 얼씨구! 추임새 넣어주며 함께 살아가는 자세 말이다.

모악당을 나서며 본 밤하늘에는 달이 밝았다. 저 달 속의 토끼들이 함께 먹을 떡방아 찧으며 흥겨워하듯, 우리 사는 세상도 추임새 넣어주며 어깨동무하며 함께 사는 따뜻한 세상이 되었으면 하는 생각을 해본다.

(2011)

삼계 아줌마

전주의 변두리 우리 아파트 단지 앞에는 오후마다 장이 선다. 이를테면 무허가 상설시장인 셈이다. 이불이며 그릇이며 옷가지 등을 자동차로 실어와 파는 제법 큰 규모도 있지만, 대개는 중노인 이상이 채소와 곡물 등을 놓고 파는 소규모 좌판이다. 주변 땅에서 직접 가꾼 채소 등을 파는 사람도 있고 유통센터나 좀 더 큰 시장에서 물건을 떼어다 파는 사람도 있다. 덕분에 이 동네로 이사를 온 후부터는 나도 찬거리 걱정을 하지 않고 산다.

그날은 아직 장이 서기 전 산책을 다녀오는 길이었다. 무심히 걷고 있는 나에게 누군가 말을 걸어왔다. 얼른 생각이 나지는 않았지만 순박한 웃음이 시골 아주머니처럼 편안하다는 생각을 했다. 아주머니가 다시 "나, 저 앞에서 엿이랑 파는 아줌마야." 했다. 그제야 생각이 났다. 사람들이 지나갈 때마다 앞에 놓아 둔 엿을 가리키며 "임실 삼계 엿이여. 한번 먹어 봐. 맛있어." 하던 바로 그 아주머니였다. 그날 이후 노점에 나갈 때면 이왕이면 그 아주머니한테서 물건을 사곤 한다.

계절이 겨울이면 아주머니 좌판에는 어김없이 엿이 있다. 좌판의 맨 앞자리에 놓아두고 지나가는 사람들에게 삼계 엿이라고, 한번 먹어보라고 권한다. 예부터 이쪽 지방에서 엿은 임실 삼계 것을 제일 알아주었다. 어느 날 나도 2천 원짜리 한 묶음을 사 그 자리에서 하나 먹어 보았다. 어려서 먹던 그 맛이 나 한 묶음을 더 샀다.

가만히 보니 아주머니는 재미있는 점이 한 가지 있다. 자신이 파는 어떤 물건에나 앞에 '삼계' 자를 붙인다. 고사리도 취나물도 호박오가리도 모두가 임실 삼계 것임을 유난히 강조하는 것이다. 마침 대보름이 임박하여서 마른 고사리도 한 묶음을 샀다. 요즈음의 고사리는 국산이라고 하는데도 그렇지 않은 경우가 많다. 하지만 어쩐지 이 아주머니의 고사리만은 우리 것이라는 믿음이 가고, 삼계 고향에서 직접 꺾어 말렸다는 말에 신뢰가 갔다. 집에 가져와 삶는 동안 풍겨 나오는 향이 확실히 우리 고사리였다. 아주머니가 얼마나 양심적이냐 하면 질겨서 먹을 수 없는 것은 단 한 가닥도 없다.

봄이 왔다. 아주머니 좌판에는 이제 겨울의 마른 나물들은 들어

가고 빛깔도 고운 싱싱한 푸성귀들이 놓여 있다. 쑥과 냉이와 돌나물 같은 봄나물은 들에서 직접 캔 것이라고 하고, 시금치와 쑥갓, 부추와 파 따위도 친정 밭에서 손수 기른 것이라고 한다. 아주머니의 봄나물들은 다시 다듬을 필요가 없을 정도로 깔끔하고 채소들은 누구의 것보다 초록이 짙고 짱짱하다. 이 푸성귀들 역시 손님에게 권할 때마다 임실 삼계 것이라고 말하는 것을 잊지 않는다. 전주에서 삼계 친정까지 버스를 몇 번씩 갈아타고 다니며 캐거나 길러 가져온 것일 터, 그만큼 청정하고 믿을 만하다는 자신감, 친정 고을 삼계에 대한 자부심이기도 하다. 확실히 아주머니의 채소는 더 달금하고 더 고소하고 씹히는 맛이 다르다.

다른 상인들과 비교할 때 아주머니는 물건을 파는 방법이 매우 순진하다. 손님을 억지로 붙드는 경우는 거의 없다. 오가는 사람들과 눈이 마주치면 사람 좋은 얼굴로 맛있으니 한번 먹어보라면 그만이다. 아주머니의 이 말은 어떻게 들으면 그냥 가져다 먹어도 좋다는 뜻으로 들리지만 그렇다고 그냥 가져가는 사람은 없다. 나중에 덤까지 듬뿍 얹어 주는 인정에 돈을 치르면서도 저절로 기분이 좋아서 간다. ≪바보네 가게≫의 가게 주인은 바보 같은 편안함이 오히려 더 손님을 끌었다고 했다. 아주머니가 그렇다. 실제로 나에게도 나물이며 채소를 그냥 주려고 하는 때가 종종 있다. 그때마다 내가 반대로 값을 더 얹어서 주면 아주머니는 또 별 사양 않고 받는다. 이런 아주머니의 순진함을 상술이라고 하는 사람은 아무도 없다.

초여름의 오늘은 외출 길에 아주머니를 만났다. 차를 멈추고 인사를 하였더니 아주머니가 환하게 웃으며 "나 대수리 한 소쿠리 잡아다 벌써 다 팔았어." 한다. 나까지 덩달아 기분이 좋다. 아주머니가 그토록 자랑스럽게 여기는 친정 고을 삼계는 섬진강의 지류가 흘러 다슬기가 많기로도 유명하다.

사람마다 하는 일이 다르고 살아가는 방법도 여러 모양이다. 하지만 자신이 하는 일에 이만큼 정직하고 성실하고 떳떳한 사람이 몇이나 될까. 어떤 이웃이 말하기를, 요즈음은 파파할머니들이 놓고 파는 물건마저 믿을 수 없다고 한다. 중국산 물건이 판을 치는 시대에 할머니들도 중국산을 떼어다가 뒤로 감춰놓고 일부만 앞에 놓는다고 한다. 직접 농사지어 가지고 나온 것처럼 속임수를 쓴다는 것이다. 이처럼 노인들조차 믿을 수 없다고 하는 서글픈 세상, 약아야 살아남는다고 하는 각박한 시대에 그래서 이만큼 순박하면서도 당당한 삼계 아주머니가 더 미덥고 고마운 것이다.

(2007)

취향정醉香亭의 실버 노래패

현수교를 얼마쯤 건너 왔을까. 어디선가 노랫소리가 들려온다. 아코디언의 반주가 곁들여진 호숫가 정자에서 들려오는 소리 같다. 여러 목소리가 어우러진 꽤 준수한 노래솜씨, 목소리만 듣기에는 칠순은 넘은 남자들로 보인다. 발걸음이 저절로 취향정 쪽으로 향해 갔다.

정자 마루에는 백발 성성한 노신사 여럿이 둘러앉아 있다. 달빛이 있기는 해도 나무 그늘이 드리운 정자라 얼굴 윤곽이 뚜렷하지는 않다. 산책 삼아 나온 길, 오늘은 정자 안 놀이판이나 구경하자며 몇 발짝 떨어진 돌의자에 자리를 잡았다.

아코디언을 켜는 노인을 중심으로 노래를 부르는 사람이 예닐곱, 이제 보니 여성도 두엇 보인다. 호방하며 자유스런 분위기로 보아 부부동반 모임 같지는 않다. 술을 권커니 잣거니, 여성 멤버와 춤을 추기도 하는데 그러는 동안에도 노래는 이어진다. 〈추억의 소야곡〉, 〈한 많은 대동강아〉, 〈비 내리는 고모령〉, 〈목포의 눈물〉, 〈물새야 왜 우느냐〉…… 레퍼토리는 대부분 식민지 시대를 전후해 유행한 곡들이다.

새 노래를 시작할 때마다 "C마이너!" "D마이너!"하고 반주자에게 경쟁하듯 코드를 주문한다. 음정과 박자 역시 정확하고 바이브레이션 섞인 감정도 풍부하다. 저 연세에 저만한 노래실력과 낭만과 열정들이라니! 감탄과 함께 나 또한 점점 노래패의 분위기에 빠져들었다.

구경꾼들이 하나둘 모여든다. 나처럼 아예 자리를 잡고 앉아 구경하는 사람도 있고 왕버들에 기대고 선 채 부러운 눈으로 바라보는 사람도 있다. 젊은 연인들은 어깨동무를 하고서 지켜본다. 나이 지긋한 분들의 구성진 노래를 공으로 듣는 맛은 스타들의 음악회 자리나 노래자랑 무대와 또 다르다. 여성 멤버가 있다는 것도 흥미롭다. 일행보다 조금 젊어 보이는 한 여성은 춤 실력도 갖추었는지 돌아가며 남성들의 파트너가 된다. 도대체 어디서 온 이들일까.

이때 구경꾼 중 한 중년의 남자가 신청곡이 있다며 정자로 다가선다. 아버지가 좋아하시던 곡이라며 〈청춘고백〉을 들려줄 수 있는지 묻는다. 말수가 가장 많다 싶은 노인이 흔쾌히 승낙을 하자,

또 한 노인은 두 팔을 벌려 아예 남자를 무대로 끌어들인다. 못 이기는 척 남자가 정자로 올라앉는다. 이내 아코디언의 전주가 시작된다.

> 헤어지면 그리웁고
> 만나보면 시들하고
> 몹쓸 것 이내 심사

'믿는다, 믿어라, 변치 말자, 누가 먼저 말했던가. 좋다할 때 뿌리치고 싫다할 때 달겨드는 모를 것 이내 마음. 봉오리 꺾어서 울려 놓고 본체만체 왜 했던지. 생각하면 생각사록 죄 많은 내 청춘이여!' 노랫말은 절절하게도 자신들의 지난 시절을 대변한다. 노인들의 목청이 높아진다. 젖은 목소리에는 그리움과 회한 같은 것도 묻어 있다. 남자가 일어서 두 손으로 노인들의 술잔에 술을 따른다.

"우리도 자네만큼 젊은 시절이 있었다네."

한 노인이 독백하듯 말을 하고는 이내 술잔을 비운다.

언뜻언뜻 들려오는, 남자에게 들려주는 내력은 이러했다. 노인들은 익산益山에서 활동 중인 실버악단이다. 덕진연못에 연꽃이 피었다기에 일부러 밤 시간을 내어 전주까지 원족遠足을 왔노라 했다.

퇴직 교사로, 퇴직 공무원으로 무료하게 지내다 아코디언을 둘러멘 거리의 악사를 만났다. 음악을 좋아하는 사람들이 하나둘 모여들었고 곧 실버악단 창단이 이루어졌다. 알고 보니 아코디언맨은 거리의 악사는 아니었다. 700만 원짜리 독일제 악기를 가보처럼 지니고 사는 늙은 로맨티스트 농부였다. 이 분이 리더가 되고 남녀 가수와 기타리스트와 색소폰 연주자와 키보드 반주자까지 갖춘 10여 명이 함께 활동을 한다. 전문적인 음악수업을 받은 것도 아니고 돈도 없고 악기도 몇 안 되지만 나름대로 자부심은 있다. 나비넥타이 차림으로 무대에 서면 어떤 노래모임이 부럽지 않단다.

이들은 가끔 양로원, 수양원, 복지관 등에 무료공연을 다닌다. 익산 보석축제, 함열 돌축제, 배산 단오제에도 초대를 받을 정도로 일대에는 제법 이름도 나 있다. 봉사하는 마음으로 하는 일이지만 초청한 측에서 5만 원 10만 원을 후원해 주기도 하고, 환자나 촌로들이 천 원씩 만 원씩 주머니에 찔러줄 때도 있다. 노래를 하다 보면 청중은 노래에 취해 울고 가수는 또 자기 노래에 취해 울기도 한다. 나라 없는 설움, 전쟁과 보릿고개 등 어려운 시대를 같이 겪고 부른 노래이기 때문이다.

누가 늙으면 추해진다고 했던가. 적어도 노욕을 부릴 줄 모르는 저 노인들은 백발이 되기까지의 세월에 크게 부끄러움이 없는 듯싶다. 남은 세월도 노래가 있어 젊게 건강하게 살아갈 수 있으니 감사할 따름이다. 원래부터 풍류를 아는 시대의 멋쟁이들이 쉬어 가는 이곳 정자가 오늘 주인을 제대로 만난 셈이다.

"건강에도 좋고 늙는 것도 잊고, 앤돌핀이 팍팍 솟아!" 하며 한 노인이 목소리를 높인다. 호기로만 들리지 않는다. 저 멀리 호수의 물안개까지 취한 듯 보이는데 노인들은 언제 일어설지 기약이 없다.

(2005)

금강산 나무비 아래서

안개비가 내린다. 이 가는 빗속에 구룡폭포를 가다 말고 혼자 산을 내려오고 있다. 동글동글한 자연석을 깔아 놓은 비교적 완만한 코스라는데도 몸이 성치 않은 나 같은 사람은 역시 무리였다. 주차장에서 내려 목란관을 지나 몇 미터나 갔을까. 겨우 첫 번째 철제 다리께서 나는 그만 더 올라가는 것을 포기했다. 더 가려 했다가는 동행한 친구조차 목적지까지 다녀오지 못할 것 같아서이다. 여기까지 오르는 데도 1시간이 넘게 걸렸다.

친구는 카메라를 들고 혼자 폭포를 향해 떠났다. 그 앞에서 조운의 '구룡폭포九龍瀑布'를 음미할 수 없음이 아쉽기는 하지만, 포기할 것은 빨리 포기해야 한다. 이제부터는 이 절해고도絕海孤島 같은 곳에서 나 혼자이다. 그런데도 전혀 두려움 같은 것은 없다. 울창한 조선소나무들 사이로 오히려 호젓하고 아늑한 느낌마저 든다.

저 소나무 위로 조금 더 굵은 비가 내리는가 보다. 적송赤松에서 떨어지는 나무비가 내 어깨를 두드린다. 소나무 향기가 온몸에 번지는 것 같다. 남한의 어느 땅에서도 느낄 수 있는 조선소나무의 향기. 북한에서도 남한에서도 조선소나무를 미인송美人松 혹은 금강송金剛松이라고도 부른다. 미인송이라는 이름은 수형의 아름다움에서, 금강송이라는 이름은 금강산과 금강경金剛經에서 유래한다고 올라올 때 차 안에서 가이드가 말했던 것 같다. 들쳐멘 가방 안에 비옷이 있지만 일부러 입지 않았다. 혼자 이 산에 흠뻑 젖어보고 싶다.

친구가 처음 금강산에 같이 가자고 제의해 왔을 때, 과연 갈 수 있을까 적잖이 걱정을 하였다. 몇 번을 망설이기도 했다. 행여 나 때문에 친구마저 여행을 제대로 할 수 없지는 않을까, 이 몸으로 산에 오를 수도 없는데 공연히 돈만 낭비하는 건 아닐까. 하지만 그것은 기우였다. 내가 욕심을 버리고 갈 수 있는 만큼만 가면 친구는 친구대로 가고 싶은 곳을 다 갈 수가 있었다.

갑자기 계곡물 소리가 요란하다. 소나무들 사이로 저만치 시원스런 물살과 웅장한 바위들이 보인다. 맑다 못해 옥색의 시린 물에 내가 그만 빨려들 것만 같다. 저 물의 시원始原은 상팔담 그 위 어디쯤이라고 한다. 이 물이 흘러흘러 남한 땅 강원도와 경기도를 지나

한강으로 합류할 것이다. 남쪽 산 어느 계곡에 있는 듯 낯설게 느껴지지 않는다.

이곳 내금강과 달리 어제 북측 군사분계선을 따라 들어올 때 본, 말로만 듣던 헐벗은 산은 큰 충격이었다. 단지 식량난 때문만은 아닌 뭔가 군사적인 목적이 있는 듯도 보였다. 이제는 익숙해지기도 했으련만 군데군데 아직도 남아 있는 붉은 글씨 등에는 거부감이 일고, 어두운 색 옷에 왜소하고 표정마저 전혀 없는 북한 군인들에게는 애잔한 마음이 컸다. 협동농장에서 무리지어 일하던 북한 동포들, 그러나 하나같이 기름기라곤 없던 곡식들, 굶주리는 국민이 많다는 곳에 왜 그리 방치된 땅은 많은지. 사진이나 방송으로만 보았던 북한의 실상을 내 눈으로 직접 본 것이다.

여기까지 왔으니 북한 동포를 직접 만날 수 있으리라는 기대 또한 컸다. 하지만 온정리에 있는 호텔, 곡예공연장, 온천 어디에도 말을 붙여볼 만한 북한 사람은 없었다. 구룡폭포와 만물상과 삼일포, 해금강 코스 어디에서도 북한 사람을 만나지 못했다. 궁금하고도 갈증이 일었다. 그들도 정말 우리와 같은 말을 쓰는지, 우리와 같은 음식을 먹는지, 같은 정서를 가졌는지 과자라도 나누어 먹으며 이야기를 나누어보고 싶었다.

그대로 하룻밤을 새고 나자 갈증은 더 심했다. 어디 가면 만날 수 있을까. 생각해 보니 의외로 아주 가까이, 온정리 휴게소 초소마다 북한 군인들이 있었다. 겁을 내는 친구를 설득하여 비가 추적추적 내리는 속에 기어이 작당을 했다. 우산을 쓰는 대신 비옷만 입은 채로 우리는 군인들이 있는 초소에 접근을 시도했다. 군인들이 우리의 일거수일투족을 지켜보고 있어, 한 발짝씩 내디딜 때마다 가슴이 두근거렸다. 여전히 군인들은 마네킹 같은 부동의 자세로 눈동자만 움직이고 있었다. 그 모습에 그만 쿡쿡 웃음이 터져나왔다. 어쨌거나 이제 불러서 과자를 건네주어도 좋을 만큼 거리가 좁혀졌다. 하지만 더는 다가가지 못했다. 처음부터 겁을 냈던 친구가, 언젠가 방송에서 본 것처럼 우리도 여기서 발이 묶일지 모른다며 내 손목을 끌었기 때문이다.

말이 통하지 않는 어디 아프리카의 오지라 해도 이럴 수는 없다. 같은 언어를 가진 같은 민족끼리 말 한 마디 나눌 수 없는, 이게 무슨 한민족 관광이란 말인가. 북한을 온몸으로 느끼고 싶어 친구와 나는 여기 온 내내 일부러 평양냉면과 평양온반 등을 찾아 먹고, 사진 찍는 것이 허락된 곳이면 어디서나 사진도 찍었다. 어제 저녁에는 일부러 간이주막에도 들렀다. 그곳에서 일을 하는 미녀들이 북한 아가씨들이 아닐까 하는 기대를 안고서. 하지만 그곳에는 연변 처녀들만 있었다. 아쉬운 마음을 애꿎은 막걸리로 달랬다.

어쨌거나 금강산에 온 내내 답답하던 가슴이다. 그런 내 마음을 지금 금강의 조선소나무가 나무비로 달래주고 있다. 이런저런 생각에 젖어 빗길에 혼자 지팡이와 길옆 바위와 소나무들과 철제 난간을 붙잡고 무사히 산을 내려왔다.

혼자 수수부꾸미와 단벗을 사 먹고도 한참을 더 기다리자 친구가 내려왔다. 나 때문에 구룡폭포를 한달음에 다녀왔다는 그녀가 자못 흥분돼 있다. 그곳에서 뜻밖에 지금은 의료구조단으로 군복무를 하고 있다는 북한 의대생과 대화를 하고 왔다는 것이다. 문학도이기도 하다는 청년과 친구는 제법 많은 이야기를 나눈 것 같다. 청년은 남한의 고은 시인을 알고 있으며 그 시인이 예전 같지 않다는 말을 했다고 한다. 무슨 뜻일지 짐작이 간다. 청년은 또 '떼불알'이란 말을 갖고 몹시 흥분했다고 했다. 떼불알은 남한 사람들이 북한 사람들을 얕잡아 만들어낸 말이라며, 형광등은 북한에서도 형광등이라 한다는 것이다. 구룡폭포까지 간 덕분에 동포와 말을 섞고 온 친구가 너무나 부럽다.

차 안에서 친구가 과자 한 봉지를 주었다. 얼굴도 모르는 그 청년이 나에게 주라며 보냈다고 한다. 아마도 친구는 저 아래에 폭포까지 오르지 못한 친구가 있다고 내 말을 한 것 같다. 과자 맛이 매우 달다. 온정리 초소 군인에게 내가 주고 싶었던 과자도 이렇게 다디단 것이었는데……. 금강산 조선소나무의 나무비에 젖은 내 마음이 더욱 젖어든다.

(2007)

코드가 맞는 사람

신문의 〈오늘의 운세〉란을 보는 사람이 많다. 재미로 보는 것이지만 그날 운세가 좋게 나오면 왠지 기대가 되고 나쁘면 조심을 하게 된다. 가끔씩 신통하게 맞는 일도 있어 나도 재미 삼아 보는 편이다. 엊그제 60년생의 운세는 '코드가 맞는 사람과 함께하는 자리 만들 수'였다. 그날 토요일은 비 소식도 있고 아무도 만날 약속이 없었지만, 나와 코드가 맞는 사람이 과연 누구일까 궁금증이 일었다.

그런데 오후에 한 지인한테서 전화가 왔다. 해거름에 남원까지 가서 추어탕을 먹고 오는 길에 코드 얘길 하며 함께 웃었다. "우리가 코드가 맞긴 맞는 건가요?"했더니 "그럼요~"하는 콧소리가 사뭇 높다.

코드(CODE)란 기호記號의 계열을 다른 기호 계열로 표현할 때의 약속, 또는 그 기호 계열을 말한다. 일정한 법칙이 있는 부호들의 시스템에서 한 가지 부호를 골라 어떤 사물이나 현상을 지칭하는 방법이기도 하다. 통신 기술과 컴퓨터의 발달로 오늘날 거의 모든 분야가 코드화되고 있다 해도 과언은 아니다.

언제부턴가 코드라는 말은 인간관계에까지 쓰임새가 확대되었다. 여기서 코드란 같거나 비슷한 성향을 가진 사람의 집단 또는 둘 이상이 모여 그들만의 문화를 만들어내는 집단을 말한다. 사람들은 이를 오렌지족, 웰빙족, 보보스족 등으로 표현을 하지만, 코드가 맞다는 말은 자신과 생각의 지향점이 일치한다는 뜻이 된다. 이제는 정치에 있어서도 코드라는 말을 쓴다. 노무현 대통령이 취임 초부터 정부 주요 인사를 주로 '코드가 맞는 사람'으로 발탁한다 하여 이 말이 온 나라의 유행어가 되다시피 했다.

어찌 보면 세상살이는 코드와 코드의 만남이 아닐까. 코드가 맞는 사람이 함께 있으면 편안하고 즐겁다. 코드가 맞으면 어려운 일도 힘 적게 들이고 할 수 있고, 코드가 맞으면 나이와 성별도 초월할 수 있다. 이와는 반대로 부서 간, 상하 간, 동료 간, 사제 간, 형제 간, 심지어 부모자식 간에도 코드가 맞지 않으면 분쟁이나 다툼이 끊이지 않는다.

코드가 맞다는 말은 궁합이 맞다는 말로 바꿔 쓸 수 있지 않을까.

사람들은 합이 들었다는 말로도 표현한다. 합이 든 사람끼리는 무슨 일을 해도 어긋남이 적은 반면, 그렇지 않은 사람끼리는 왜 그런지 자꾸만 삐걱거린다. 서로 으르렁거리기만 했지 상대방을 이해하려고 하려는 마음이 적다. 코드가 맞지 않기 때문이다.

동양의 성인들은 이런 중요성을 일찍부터 인식했고 ≪역경(주역)≫에서는 이미 5천 년 전부터 코드를 사용했다. 태극, 음양, 사상, 8괘, 64괘는 오늘날 말하는 과학적 만물생성의 원리, 유전자 코드와 같은 원리를 담고 있다. 사람과 사람 간의 코드를 주역에 맞춰보면 두 사람의 관계가 원만할지, 결혼생활이 순탄할지, 동업에 탈이 없을지……, 주역을 도덕과 철학이 아닌 수리와 예언의 책으로 보는 사람들은 이런 면에 얼마든지 예측이 가능하다고 주장한다. 사람들이 점술집을 찾는 이유도 아마 여기에 있지 싶다.

코드가 맞는 사람의 가장 대표적인 경우는 친구 사이가 아닐까. 여기서 코드는 마음으로 바꾸어도 별 무리가 없을 것 같다. 마음이 맞는 사람끼리는 쉽게 친구가 되고 더 오랫동안 우정이 유지된다. 영국의 대문호 셰익스피어는 '열 사람의 적이 있다 할지라도 한 사람의 친구가 있으면 두려울 게 없다.'고 했다. 인생에 있어 그만큼 친구는 중요하다. 관포지교管鮑之交, 금란지교金蘭之交, 지란지교芝蘭之交가 강조하는 우정도 모두 코드가 맞아야 가능하다.

사랑하는 사람 사이에서야 코드를 말해 무엇하랴. 연인 사이에는 더더욱 사랑의 염색체인 코드가 맞아야 하고, 코드가 맞아 불꽃이 튀는 순간 열정적 사랑은 시작된다. 지금 사랑을 앓고 있는 사람에게 내 남자, 내 여자보다 더 소중한 것이 있을까. 코드가 맞는 사랑을 만나는 것은 인생 최고의 선물이다.

나에게는 코드가 맞는 사람이 몇이나 되는지 헤아려본다. 이 사람은 이런 점 때문에, 저 사람은 저런 점 때문에 마음에 들지 않을 때가 많다. 마음에 들지 않음은 코드가 맞지 않음이다. 그러고 보면 정작 나와 코드가 맞는 사람은 그리 많지 않다. 반대로 다른 사람이 나를 생각해도 그럴 것이다.

정도의 차이는 있지만 우리는 모두 에고이스트들이다. 상대방 입장에서 생각해보면 코드를 맞추지 못할 것도 없는데, 우선 나부터가 내 입장부터 앞세우려 할 때가 많다. 이해나 양보는 좀처럼 쉽지 않고 '네 탓'부터 한다. 이해하고자 하는 마음의 여유를 갖고 사는 것, 그것이 나를 진정으로 사랑하는 일인 줄 알면서도…….

(2006)

달밤에 체조하기

밤 8시. 조용하던 덕진공원이 갑자기 떠들썩해진다. 음악이 울려 퍼짐과 동시다. 단풍나무 그늘 의자에서, 연지蓮池에서, 호수 주변에서 더위를 식히던 사람들이 하나둘 잔디밭으로 모여든다. 곧 체조 대열을 하더니 음악에 맞춰 준비운동을 시작한다. 간편한 복장의 40~50대가 많고, 어린 자녀들을 데리고 온 젊은 부부와 붉은 악마 옷을 입은 초로의 아저씨도 보인다. 백 명은 남짓 되어 보이는데 몸을 푸는 동작마다 연륜이 묻어난다.

아담한 체구의 한 여성이 앞에서 무리를 이끌고 있다. 한눈에도 에어로빅 강사쯤으로 보이는 이 여성은 노란색 연두색의 산뜻한 운동복 차림에 흰 머리띠를 했다. 긴 머리를 질끈 올려 묶고 헤드셋 마이크를 찬 그녀는 시원시원한 목소리에 동작과 수신호 또한 크고

절도가 있다.

작년 이맘때는 못 보던 풍경이다. 그렇지 않아도 무더운 밤, 처음에는 조용한 공원에 웬 소음일까 했다. 며칠 지켜보니 그게 아니다. 흘러나오는 음악마다 경쾌하고 포크댄스를 하듯 사람들 모두 동작이 가뿐가뿐하다. 그냥 체조라 하기에는 애교스런 몸짓도 보이고 움직임 하나하나에 의미가 담긴 것처럼 보인다. 노래는 민요와 타령, 가요와 동요를 넘나들고 귀에 익은 곡이 많다. 가끔씩 고함소리가 공원을 뒤흔든다. 앉아서 구경하는 나조차 몸이 들썩들썩해진다.

이 장면을 처음 보았을 때는 에어로빅 학원에서 홍보차 나왔나 했다. 그런데 알고 보니 말로만 듣던 생활체조 현장이었다. 누군가에게 물으니 모두 자발적으로 참가하고 있고 시민 건강과 화합을 위해 시市에서 일부 지원을 하고 있다고 한다. 학교운동장, 공원, 천변 등 50여 곳에서 새벽과 저녁 시간을 이용해 추진하고 있는데 전주시민들 호응이 꽤 높단다.

생활체조란 우리 고유의 멋과 가락과 율동을 현대 감각으로 되살려 창작해낸 생활 속의 체조를 말한다. 농악, 탈춤, 강강술래 등에서 그 동작을 빌어 왔으며 음악도 대부분 친숙한 곡들이다. 노래도 노래지만, 박수 치고 발 구르고 날개 펴고 마주 보고 어깨 걸고 원 그리는 동작 하나하나가 쉬우면서도 재미가 있다. 이런 점에서

기존의 딱딱한 체조나 미용체조 성격의 에어로빅과 차별화된다. 이 체조를 퇴계 선생의 '활인심방活人心方'에 비유하는 사람도 있다. 우리 정서, 우리 체질에 맞는 맨손으로 하는 유산소 운동이라는 점 때문인 것 같다. 다 아는 노래에 탈춤 체조, 풀무 체조, 다람쥐 체조, 달맞이 체조 등 새로운 체조 제목을 붙인 것도 흥미롭다.

더 흥미로운 것은 모두 이야기 체조로 구성되어 있다는 점이다. 생활체조의 매력이 바로 여기에 있다. '방아타령 체조'의 예를 들어 보자. 〈방아타령〉 하면 가난한 백결 선생 사연이 있고 판소리 〈심청가〉에도 같은 이름의 대목이 있지만 과거에는 지역을 초월하여 불리던 노래였다. 그만큼 조상들의 생활이 녹아 있는 노래라고 할 것이다.

체조에서는 이 음악에 우리의 옛 설 풍속을 담고자 했다. 설날이 가까워지면 저마다 기대감으로 마음까지 바빠진다. 절구방아, 디딜방아, 물레방아, 연자방아……, 온갖 방아에 곡식을 찧어 설빔을 준비한다. 오른발 왼발 굽신하기는 절구방아 찧는 동작, 왼손 오른발 오른손 왼발 당기는 디딜방아 찧는 동작, 한 손 한 발 들고 돌기는 연자방아 찧는 동작……, 방아마다 손짓 발짓이 다르고 신명이 다르다. 설렘 안고 찾는 고향, 잔치마당, 지신밟기 순서로 체조는 이어진다. 사람들 머릿속에 추억이 주마등처럼 스친다.

젊은이들의 사랑, 경제 불황의 극복, 부부갈등과 해결 과정을 담은 체조도 있다. 하지만 굳이 거기 담긴 내용을 몰라도 좋다. 〈힘내라 힘〉과 〈징기스칸〉, 〈월드컵송〉과 〈빙고〉 등을 힘차게 따라 부르며 한바탕 몸을 놀리는 것만으로도 효과는 만점이다.

> "……틀에 박힌 관념 다 버리고 이제 또 맨주먹 정신
> 다시 또 시작하면 나 이루리라. 다 나 바라는 대로
> ……모든 게 마음먹기 달렸어. 어떤 게 행복한 삶인가요.
> 사는 게 힘이 들다 하지만 쉽게만 살아가면 재미없어. 빙고!"

가슴이 뛰고 주먹에는 힘이 들어간다. 삶에 자신감이 생긴다. 나와 내 가족과 이웃과 내 나라를 더 뜨겁게 사랑하고 싶어진다.

현대인은 너나없이 바쁘게 산다. 몸매의 유지나 관리는 고사하고 건강을 돌아볼 틈조차 없게 바쁜 사람도 많다. 갈수록 살기 힘든 세상, 스트레스도 쌓여간다. 생활체조 현장은 바로 이런 사람들을 위해 준비된 마당이라고 할 것이다.

오늘의 마지막 순서인지, 잔디밭에서는 손에 손 잡고 둥근 원 그려 함께 인사를 나누고 있다. 젖은 옷 땀방울 맺힌 얼굴마다 웃음이 가득하다. 이제 지도강사 곁으로 모여, 가지고 온 얼음물이며 수박 등을 나눠 먹는다. 종종 김치를 들고 와 고마움을 표시하는 사람도 있고 맛있는 것이 있다며 집으로 초대하는 사람도 있다고

한다. 내가 좋아, 내가 흥겨워 하는 일이지만 이리 정도 넘친다며 봉사자 한순자 씨가 즐거운 비명이다.

달밤에 체조한다는 말이 있다. 격에 맞지 않는 행동을 할 때 핀잔으로 이르는 말이다. 하지만 이제 그 뜻은 바뀌어야 하지 않을까. 공원은 언제 그랬냐는 듯 한줄기 바람 기다리는 사람들의 공간으로 돌아갔다.

(2005)

2004 여름 정진기

덥다 덥다 하지만 이번 여름만큼 더울까. 35도를 넘나드는 무더위가 한 달도 넘게 계속되고 있다. 가마솥, 폭염, 불볕, 땡볕, 뙤약볕……, 온갖 말을 다 동원해도 적당치 않은 이 무시무시한 더위. 해마다 몇 차례 찾아오는 그 흔한 태풍도 올해는 대부분 비켜가고, 일사병으로 노약자들이 목숨을 잃었다는 소식만 들려온다.

비단 무더위 때문만이 아니다. 남보다 몸무게도 많이 나가지 않는 나는 어찌된 일인지 여름나기에 가장 힘이 든다. 물것도 물것들이지만, 온도와 습도에 못 견디는 주체할 수 없는 땀 때문이다. 올 여름은 여느 해보다 더위가 심할 것이라는 예보를 들으며 내 나름의 피서 방법을 궁리하기에 이르렀다. 그래, 바다와 계곡과 복달임 제의를 모두 사절하고 안으로 문을 잠근 채 홀로 여름 정진에 도전해 보기로 했다. 내 생애 처음 있는 일이다.

그렇지 않아도 이쯤에서 삶을 점검해야 할 시점이기도 하다. 다시 일을 시작할 것인가, 이대로 적게 쓰며 자족할 것인가. 앞으로는 어떤 글을 쓸 것인가. 또 하나 이 여름 간절히 바라는 무엇이 있다. 수행자들이 여름 한철 화두를 갖고 정진에 힘쓰듯, 나도 토굴이나 다름없는 내 집 아파트 안에서 이런 문제와 마주앉아 보려 한다. 정진에 전력하기 위해서는 무엇보다도 주위가 산만하지 않아야 한다. 작정한 기간 동안 필요한 것들을 마련해 놓고 주변 정리를 했다.

사찰의 결제일에 맞추어 여름 정진을 시작했다. 불교보다는 기독교에 더 가까운 신앙생활을 하고 있는 나이지만 일단 불교식 격식은 갖추기로 했다. 새벽에 일어나 세수를 마치고 나면 방석 위에 가부좌를 하고 앉는다. 아침과 저녁 6시에 갖는 기도의 시간, 매일 하루 두 번씩은 나와 마주 앉는다. 맨 처음 예불문을 외운 다음 눈을 감고 두 손을 모은다. 20분쯤 기도를 하는 이 시간은 나를 들여다보는 시간이기도 하다. 감히 참선을 흉내 낼 수 없는 어설픈 동작이기는 하지만 하루 중 가장 고요해진 나를 만날 수 있다.

이 순서를 마치고 나면 108배를 시작한다. 일어섰다 앉았다 하는 절 대신에 어쩔 수 없이 가부좌 상태로 상체만 낮췄다 일으켰다 한다. 절을 하는 동안에도 마음속으로는 기도를 쉬지 않는다. 내

기도가 이루어지기 위해서는 더 깊숙이 나를 낮추어야 한다. 두 무릎과 두 손과 이마가 땅에 닿을 때까지 요령은 부리지 않는다. 108배를 마치면 반야심경 독송으로 마무리를 한다. 여기까지 대개 1시간쯤 걸린다. 낮 시간에는 주로 경전과 책을 읽고, 글감을 만나면 글도 쓴다.

하루, 닷새, 열흘……, 정진이 깊어갈수록 유혹이 만만치 않다. 사정을 알 리 없는 지인들은 궁금한 속내를 감추지 않고, 아무 때나 걸려오는 전화들도 문제이다. 동네방네 광고를 할 수도 없고 팻말을 걸어놓을 수도 없고 멀리서 찾아오는 손님을 사절하기도 어렵다. 나중에는 전화선을 뽑아놓기까지 했다. 그러나 무엇보다도 어려운 것은 내 안의 문제. 조금만 마음이 느슨해지면 늦잠을 자고 싶고 한 번쯤 예불을 거르고 싶고 아예 포기해 버리고 싶을 때도 있다. 그 중에서도 순간순간 비집고 들어오는 망상은 어떻게 할 방법이 없다. 출가 수행자들은 때마다 이런 문제를 어떻게 극복할까.

내가 이번 여름 정진을 감행한 데에는 간절한 무엇이 있어서다. 나의 기도가 거기까지 닿을 수 있기를 바라고 하는 기도. 이 여름 누군가와 마음의 교감을 꼭 이루어보고 싶다. 그러기에 심오하고 철학적인 화두가 아닌 지극히 개인적인 소원이다.

원래 정진이란 '나는 누구인가' 같은 공안을 붙들고 매진하는 스님들만의 수행방법이다. 절집에서는 여름과 겨울 한철씩 정진 기간을 갖는다. 남방에서 시작된 이 문화는 우기와 건기에 맞춰 전국의 사찰에서 동시에 시작하지만, 최근에는 일반인과 재가신도를 대상으로 한 단기 출가와 템플스테이 같은 산사체험 프로그램이 수시로 있다. 이런 기사를 신문에서 볼 때마다 마음은 굴뚝같지만 몸이 자유롭지 못한 나는 그림의 떡일 뿐이다. 아쉬운 대로 이번 여름 집안에서나마 이런 경험을 해볼 수 있어 뿌듯하기만 하다.

공안公案을 붙잡고 하는 선 공부는 스님들만 하는 것이 아니며 생활 속에서도 참선 아닌 것이 없다고 했다. 걸을 때도 밥을 먹을 때도 잠을 잘 때도 '너는 대체 누구냐'를 참구하면 답을 얻지 못할 게 없다고 했다. 나 같은 평범한 중생이야 깨달음이란 거창한 목적보다는 발원기도가 더 어울리지만 덕분에 나를 돌아보는 시간이 되었다.

스님들은 몇 안거를 지냈느냐로 법랍法臘을 친다고 한다. 한 안거 동안 작정한 공부가 쌓이고 쌓여 경지가 깊어지고 할 것이다. 나의 이번 첫 번째 정진은 어설픈 것이 너무 많았다. 그래도 정진하는 동안 기도의 대상이었던 사람과 덕진연지에 핀 연꽃을 함께 볼 수 있었으니 기도의 목표는 어느 정도 이룬 셈이다. 또 있다. 첫 정진을 체험해 보았다는 성취감, 미약하나마 내 안에 무언가 고인 것 같은 뿌듯함도 크다.

앞으로도 한 번씩 이런 시간을 갖고 싶다. 삼복더위나 동장군冬將軍도 이기고 나도 불가의 스님들처럼 기도하는 생활 속에 삶의 지혜가 쌓였으면 하는 바람을 가져본다.

(2004)

3부

구절초

작년 가을 꽃피었다 진 자리에는 지금 또 새로운 열매가 영글고 있다.
…몇 개 안 되는 저들도 벌써 눈도장을 찍어둔 임자가 있다.
씨앗이 돌아갈 사람들과도 어떤 의미로든
도반이 되어주길 바라는 마음이다.

별 한가운데

소리의 고장 전주全州에는 '한국소리문화의전당'이 있다. 여러 개의 공연장과 전시회장, 국제회의장을 갖춘 세계적인 수준의 복합문화예술공간을 자랑한다. 이곳에서는 올해 5회째 행사를 치른 전주세계소리축제를 비롯하여 판소리, 오페라, 뮤지컬, 연극, 연주회 등 공연이 끊이지 않아 전북문화예술의 구심체 역할을 톡톡히 하고 있다. 이같이 좋은 장소가 집 가까이 있어 운동 삼아 찾아가 산책도 하고 공연을 감상하는 즐거움이 크다.

요즘 들어 거의 날마다 찾는 곳이 야외 놀이마당이다. 명인홀과 국제회의장 사이 낮은 지대에 원추형으로 꾸며진 무대이다. 빙 둘러 놓인 완만한 돌계단 객석에 앉으면 무대가 한눈에 들어온다. 이곳에서 토요일마다 탈춤이나 마임, 타악기 공연 등 놀이마당이 펼쳐지고, 지난 소리축제 기간에는 판소리의 세계무형문화유산 선정을 기념하는 유네스코 세계무형유산에 등재된 9개국의 민속음악이 연주되기도 했다.

오늘은 해가 지고 나서 이곳을 찾았다. 홀로 객석에 앉아 먼 밤하늘을 본다. 10월의 맑은 하늘엔 지등紙燈 같은 보름달이 둥실 떠 있다. 밤하늘의 빛은 어둡다기보다 암청색의 깊은 호수 빛깔이다. 그 안에서 빛나는 영롱한 별들, 햇솜 같은 구름, 깊어가는 가을의 풀벌레 소리, 솔바람 소리……. 계단을 내려가 이번에는 무대 한가운데 별의 자리에 선다. 다시 하늘을 본다. 가슴이 벅차오르고 내가 마치 우주의 주인이 된 기분이다.

지난 8월의 어느 날, N이 나를 이 무대로 끌어들인 일은 매우 당황스러우면서도 충격적이었다. 돌계단에나 앉아 있으려고 하는 나를 그가 다짜고짜 무대 중앙으로 끌고 갔다. 그는 평소에도 내가 여기 오면 저기 뒷자리 어디쯤 앉을 것이라며 자리까지 점을 찍어 보였다. 나의 소심한 성격을 벌써 파악하고 있었던 N. 가지고 간 돗자리를 펼치며 편안하게 앉으라고 했다. 그런 다음 얼굴을 들어 하늘을 보라고 했다.

그날따라 하늘에는 흰 구름 사이로 반달이 흐르고 별도 언뜻언뜻 반짝이고 있었다. 그때 나는 하늘도 내가 앉은 자리도 모두 빙빙 도는 어지러움을 느꼈다. 공연장과 건물과 조명등과 주변 소나무들과 함께 하늘로 빨려 올라가는 것 같은 착각도 일었다. 난생처음 경험하는 그 신비감, 내가 마치 우주의 중심에 서 있고 그 주인이 된 것 같았다.

아무도 보고 있지 않은 이런 곳에서조차 나는 왜 중앙에 서는 것을 두려워하는가. 비단 몸의 불편함 때문만은 아니다. 매사 자신이 없고 망설이며 움츠리는 나. 무대는 언제나 나와는 아무 상관이 없는 곳이었다. 앞에 나서기보다 멀찍하니 객석에 있거나 주변인으로 남는 게 훨씬 편했다.

놀이마당 바닥에는 불교 만다라를 닮은 큰 문양이 담겨 있다. 둥근 원의 한가운데 검은 대리석의 별이 있고, 이 별이 자주색, 회색, 갈색의 빛을 확장해 나간다. 만다라는 우주의 진리를 표현한 그림으로 밀교에서는 깨달음의 경지를 나타낸다고 들었다. 낱낱의 살[輻]이 모여 둥근 수레바퀴[圓輪]를 이루듯이 모든 법을 원만히 갖추어 모자람이 없는 세계를 이룸을 상징한다. 놀이마당과 만다라를 닮은 그림, 건축가의 의도를 알 수는 없지만 내 나름으로 의미를 부여해 보았다. 무대의 주인공과 객석의 관객들이 음악으로 하나가 되기를 바라는 뜻이 담긴 건 아닐까 하고.

또 하나, 만다라는 우주 중심에 있는 나를 상징한다. 내가 우주의 주인이 되어 이 세상 모든 존재들과의 조화로운 관계를 창조하라 한다. 나를 여기로 이끈 N이 만다라에까지 생각이 미쳤는지 알

수 없지만, 그림의 중심에 서게 한 의도는 알 것 같다. 나와는 반대로 당당하면서 자기애도 강한 그가 오늘 나를 별의 한가운데로 이끈 이유는 짐작건대 자기처럼 내가 곧 우주의 주인이라는 자신감을 심어주기 위함일 것이다. 나 자신을 사랑하고 좀 더 당당하게 살라는 뜻일 것이다.

그날이래 이곳은 종종 나의 독무대가 되어주고 있다. 평일과 주말을 가리지 않고 찾아와 설 수 있는 무대이다. 무인카메라 50여대가 지켜본다는 소리문화의전당 경내, 하늘과 달과 별이 내려다보는 가운데 오늘도 나는 별의 한가운데 선다. 다행히 사람 관객은 한 사람도 없다. 마임이스트 표정을 하고 오직 천체와 수목들과 나누는 대화. 굳이 말이 필요 없이 눈짓, 손짓, 발짓……, 온몸으로 연기를 한다. 그런데도 조금은 쑥스럽다.

내 1인극을 보러 와 준 보이지 않는 관중들을 향해 허리 굽혀 인사를 한다. 키 낮은 정원수들과, 미동도 하지 않고 지켜보던 바람과, 조명등 기둥에 걸린 세계소리축제 홍보 깃발이 뜨겁게 박수를 보내주는 것 같다. 이 땅의 음악인들, 세계의 음악인들이 위풍당당 판을 벌이는 이곳에서 나도 자신감 있는 나로 다시 태어나고 싶다.

우리 한 사람 한 사람은 각자 우주의 중심이다. 주인공이 된다. 그런데도 자꾸만 망설이고 움츠리게 되는 것이 나 같은 소심증 환자들이다. 무엇이 두려운가. 관객이 있든 없든 주인공이 되어라. 모든 것은 나에서부터 출발한다.

(2005)

내 친구 감초

커브를 돌자 언덕 아래 학교가 보였다. 교문에 내걸린 현수막이 학교 체육대회 소식을 먼저 전한다. 막 점심시간이 끝나 체육관 안에서는 다시 중 1부터 고 3까지 함께 펼치는 응원전이 뜨겁다. 만국기 아래 반마다 다른 색상의 운동복을 입고, 여러 나라 전통의상을 차려입은 응원단도 보이고, 꽹과리와 막대풍선 같은 응원도구도 보인다. 저 속에 내 초등학교 동창 ㅂ이 있다.

이곳은 배움의 시기를 놓친 여성들이 모여 뒤늦게 향학열을 불태우고 있는 전북도립 여성중 · 고등학교이다. 중학교부터 고등학교 과정까지 6년에 걸쳐 공부를 하게 되는데, 30대에서 70대에 이르기까지 다양한 연령층의 여성들이 하루 여섯 시간 이상 고락을 함께한다. ㅂ은 중학교 3년 과정을 마치고 어느덧 이 학교를 4년째

다니고 있는 여고 1학년이다.

오후 첫 순서는 중학교 대 고등학교의 넷볼 시합이다. 농구와 비슷한 이 시합에 내 친구도 함께 뛰게 된다. 150cm/ 60kg이라는, 작달막한 체구의 친구가 선수로 뽑힌 건 누구 못지않게 몸놀림이 민첩해서다. 중앙수비수 격인 ㅂ이 공을 받아 골대 쪽으로 던진다. 가슴 높이로 민첩하게 던진 공이 꽤 멀리 가고 패스도 정확하다. 친구가 골밑 쪽으로 재빨리 이동한다. 다시 공이 손에 들어오지만 친구는 마지막 슛을 골밑을 지키고 있는 장신의 센터에게 맡긴다. 슛! 다시 점수를 추가한다.

이 학교에서 ㅂ은 약방의 감초로 통한다고 들었다. 그만큼 활동이 왕성하고 오지랖이 넓다는 뜻일 것이다. 이번 체육대회만 해도 넷볼, 발야구, 탁구, 달리기, 배드민턴 등 거의 전 종목에 걸쳐 뛰고 있으며, 사물놀이 공연에도 참가하고 있다. 친구는 평소에 봉사활동이나 궂은일도 먼저 자진해서 한다. 이렇게 의욕이 넘치다 보니 본의 아니게 참견 좀 그만하라며 오해를 받는 경우도 있다고 한다.

초등학교 때도 그랬다. ㅂ은 여학생 중 가장 키가 작은데도 재빠르기가 다람쥐 같고 단단하기는 상수리밤 같았다. 입 또한 야물디야물어서 누구에게 지는 법이 없었다. 친구들 간의 시시비비도 이 친구가 가려주곤 했다.

이런 ㅂ에게도 한 가지 약점이라면 약점이 있다. 그것도 학생으로서는 매우 결정적인 약점이다. 공부를 썩 잘하지 못했다는 사실이 그것인데, 조금 못한 정도가 아니었다. 산수는 거의 한 자리 점수를 맴돌았고 졸업할 때까지 국어책도 잘 읽지 못했다. 그러니 반에서 거의 꼴찌에 가까웠다고 할 수 있다. 요즘도 그렇지만 대개 이런 아이들은 기가 죽어 다니거나 따돌림을 당하기 마련이다. 하지만 ㅂ은 전혀 그렇지 않았다. 공부 잘하는 아이들보다 오히려 목소리가 컸다. 그러고도 별 미움을 받지 않았다. 이것이 ㅂ만의 개성이고 강점이다.

사실 ㅂ은 가난한 집 8남매 중의 맏딸이었다. 그 당시 친구네 가족은 열 식구나 되는 대식구가 외딴 주막집에 세 들어 살고 있는 형편이었다. 아버지는 인근 마을을 돌며 남의 집 일을 했고 어머니는 두부장사를 했다. 어린 ㅂ이 고만고만한 동생들을 혼자 돌보아야 했다. 오가는 길에 보면 부르튼 손으로 살림도 거의 친구가 하다시피 했다. 학교를 졸업한 후에는 서울로 가 버스 안내양까지 하여 가족들을 부양했다. 동생들 학비 다 대고 고향에 부모님 집도 한 채 사드리고, 오빠 결혼비용까지 대느라 정작 자신이 결혼할 때는 혼수 비용이 없었다는 70~80년대 우리나라 전형적인 누이요, 언니이다. 이런 ㅂ이었으니 그다지 학교 성적이 좋지 못했던 것에 대해서는 이해를 해주어야 할 것 같다.

넷볼 시합은 친구가 속한 고교 팀의 승리로 끝이 났다. 선생님과 학생 임원 간의 발야구 경기도 끝이 난 뒤 밖으로 나와 잠시 얘길 나누었다. 마흔도 중반을 훌쩍 넘긴 나이에 뒤늦게 공부를 시작한 이야기를 듣는데 가슴이 뭉클했다. 지금은 고등학생이 된 큰아이가 유치원 다닐 때, 엄마랍시고 떠듬떠듬 동화책을 읽어주었던가 보다. 어린 마음에도 엄마가 얼마나 안돼 보였으면 "엄마, 이제 그만 읽어 줘도 돼." 하더란다. 아이에게 어찌나 미안하고 부끄러웠던지, 공부 못한 것이 한없이 후회가 되었단다.

이 학교에 입학하자마자 국어 선생님의 눈에 띈 건 어쩌면 당연한 일이었을 것이다. 처음에는 수업 시간마다 22번인 저를 불러 세우는 것이 원망스럽기만 했다. 하지만 그 덕분에 이제는 마음 편하게 책을 읽을 수 있게 되었다며 내가 선물한 책의 표지를 단숨에 읽어나간다. 부끄러움 같은 것 없이 친구인 내 앞에서 글씨를 읽어가는 그 모습이 천진스럽기까지 하다.

그 어렵던 덧셈 뺄셈을 이제는 할 수 있다며 자랑을 한다. 영어공부까지 두 아들의 도움을 많이 받고 있다며 행복한 표정을 짓는 내 친구 ㅂ. 아가씨 때 서울에서 버스 안내양 할 때, 그때 손님 거스름돈이나 사납금 계산은 어떻게 하였을까? 갑자기 궁금한 생각이 들었지만 차마 물어 보지는 못했다. 학창 시절에는 결석을 밥 먹듯 했던 친구지만 이제는 개근상을 받을 만큼 여간해서는 결석도 하지 않는단다. 식구들에게 아플 일이 있어도 제발 엄마 학교 졸업할 때까지만 참아달라고 사정도 했단다. 초등학교 다닐 때 결석하는 것이 죽기보다 싫었다며, 이제는 피치 못할 일만 아니면 결석은 하지 않는다는 것이 철칙이라고 한다.

학교의 우등생이 사회의 우등생은 아니라는 말, 이 말을 거꾸로 하여 학교의 열등생이 사회의 열등생은 아니다. ㅂ이 그 대표적인 사람이다. 공부는 좀 못했어도 결혼하고 애 낳고 살림만 잘하고 산다. 두 아들 잘 길러 어느새 고등학생이고 남편이 싫어하는 일은 하지 않는다는 착하디착한 주부이다. 그러기에 '각시와 새끼밖에 모르는' 덤프트럭 기사 남편은 언젠가 단 한 개 캐온 산삼뿌리를 아내 입에 통째로 넣어주었다지 않은가.

그러고 보면 우등생과 열등생은 백짓장 한 장 차이도 못 된다. 누가 감히 ㅂ을 꼴찌요, 열등생이었다고 놀릴 수 있나. 학교 우등생에 가까웠던 나보다 더 당당하고 행복하게 살아가는 친구가 그래서 때때로 부럽다.

(2005)

* 친구는 2007년 고등학교 과정까지 모두 마쳤다. 그해 1월 KBS <아침마당 전북>에 출연하여 학교 자랑, 자식 자랑, 남편 자랑에 막힘없이 말도 잘하던 ㅂ…. 학교 다니는 동안 조리사 자격증과 간병사 자격증도 땄다며 자랑하는 친구에게 힘찬 박수를 보냈다.

하영이

이번 산책 코스는 동물원 쪽이다. 최대한 간편한 차림으로 아파트를 나섰다. 과수원 사거리 횡단보도를 건너면 언제나 그곳에 과일가게가 있다. 이곳에서는 50은 넘었을 건강한 체구의 부부가 인근 과수원에서 수확한 싱싱한 과일들을 내다 판다. 붙임성 있고 인상도 좋은 아주머니는 산책 나가는 나를 보면 쉬었다 가라며 자리를 권하곤 한다.

오늘은 아주머니가 평소에 못 보던 아기를 유모차에 태워 놀고 있다. 손녀냐고 물었더니 "내 딸이야." 한다. 호성동 이 동네로 이사를 온 후부터 줄곧 보아왔으니 벌써 5년, 내가 아는 한 쉰 살 넘은 아주머니의 딸은 아니다. 배도 안 부르고 어떻게……? 무슨 농담을 그리 하시느냐 했더니 아주머니가 속삭이듯 얘기하는 입모양이 '입양했어!' 이다. 잘못 들었나 싶어 다시 물으니 사실이라고 한다.

돌도 지나지 않았을 어리디어린 여자아기다. 참빗으로 빗은 듯 단정하게 가르마를 타고 큼지막한 해바라기 핀까지 꽂은 모습이 너무나 귀엽다. 오밀조밀한 이목구비도 앙증맞기만 하다. "아가야, 안녕? 만나서 반갑다. 이름이 뭐니?" 다가앉으며 인사를 하자 아기가 처음 보는 나를 보고도 방긋방긋 웃는다. 오! 이 신기함이라니……. 마치 갓 피어난 작은 한 송이 꽃 같다. 아가는 미혼모였던 엄마와 대리모의 손을 거쳐 서울에서 전주까지 먼 길을 왔다는데도 전혀 낯가림을 하지 않는단다. 천만다행이다. 저도 가족들도 모두 편하라고 어린것이 빠르게 적응해 가는 모습이 짠하면서도 기특하다. 고사리 같은 손을 잡아주며 "건강하고 예쁘게 자라거라." 하고 덕담을 하자 아기가 일어설 듯 몸을 들썩이며 활짝 웃는다.

아기에게 새로 지어준 이름은 하영이. 벌써 소문이 나 근처 사람들 발길이 심심치 않고, 어떤 할머니는 아기를 보러 하루 세 번도 다녀가신다고 한다. 하영이는 온 가족의 웃음 제조기라나 뭐라나. 아이 덕분에 집 안에 웃음이 떠나지 않는단다. 직장에 다니는 두 언니는 유모차도 옷도 장난감도 최고로만 사다 주고, 사춘기를 조금 심하게 보내던 오빠는 오랜 방황을 끝냈단다. 아빠는 아빠대로 이런 복덩이가 어디서 굴러왔는지 모르겠다며 손에서 떼지 못해 아이가 엄마 차지가 되는 일은 좀처럼 쉽지 않다는 아주머니의 자랑이 끝이 없다. 하영이는 온 가족의 사랑을 한몸에 받고 있는 게 틀림없다.

하영이의 새 부모는 포도와 복숭아와 수박 등을 손수 가꿔 남보다 싱싱한 과일을 파는 부지런한 사람들이다. 듬직한 체구만큼이나 인상도 좋아 언제나 웃는 얼굴이고 인색하지 않다. 과일은 주로 아저씨가 따다 대고 아주머니는 천막 가게에서 판매를 한다. 굳이 아주머니의 말이 아니라도 손이 열 개라도 모자랄 형편이다. 이렇게 평범하다면 평범한 사람들로만 알았던 이들 부부가 뒤늦게 공개 입양을 한 사연이 궁금하지 않을 수 없다.

그저 좋은 일 한 가지 하고 싶었을 뿐이라는 아주머니의 짧은 말 한 마디……. 과일 노점상만 해도 10년 넘게 하였다니 아이들이 어릴 때 제대로 신경이나 썼겠는가. 이제는 먹고 살만 해졌으니 딸 하나 입양하여 잘 키워보자고 했단다. 가족 모두 대찬성했단다. 아주머니가 들려준 대강의 내용이지만, 알고 보니 아저씨부터 이 시대 훌륭한 휴머니스트였다. 지금보다 못살던 때도 늘 좋은 일을 하고 싶어해, 이미 오래전부터 복지관 등에 후원을 하고 있다고 한다. 겉보기에는 덥수룩한 수염에 무뚝뚝하게만 보였는데 이렇게 인정 많고 마음 따뜻한 아저씨인 줄은 미처 몰랐다.

남들보다 돈이 많은 것도 한가한 것도 아니고 자식이 없는 것도 아니다. 더군다나 아들은 지금 입시생이라고 한다. 그런데도 이들 부부는 주저 없이 다섯째 아이를 입양했다. 내가 이들 부부와 가정을 훌륭하게 보는 것도 이 때문이다. 일부러 숨겨가며 키우고 싶지 않아 공개 입양을 했고 아이를 잘 키우는 것밖에는 다른 아무 욕심도 없다고 한다. 아이가 말귀 알아들을 나이가 되면 입양 사실을 알려줄 것이며 친엄마가 찾아오면 언제든 만나게 할 생각도 갖고 있다. 훗날 밝고 건강하게 자라 있을 하영이의 모습이 벌써부터 그려진다.

나도 한때 입양을 생각해 본 적이 있다. 예쁜 딸 하나 입양해 친구같이 살라는 이웃들도 많아서 그때마다 잘 키울 수 있을까? 마음 설레어 청사진을 그려보기도 했었다. 몇 년 전까지만 해도 꽤 까다롭던 입양 자격이 최근에 많이 완화되었다고 한다. 입양 문제는 오랜 사회적 국가적 문제이다. 우리나라는 고아 수출국이라는 오명까지 갖고 있고 아직도 많은 어린아이들이 해외로 팔려나가고 있다 한다. 하영이의 새 부모님이 그래서 더욱 존경스러워 보인다.

흐뭇한 마음으로 산책의 반환점을 돌았다. 다시 과일가게 앞에 왔을 때 아기도 유모차도 보이지 않았다. 그 사이 아기가 어디로 갔냐고 했더니 오빠가 와서 데리고 갔다 한다. 해바라기처럼 활짝 웃던 아기 얼굴이 눈에 삼삼하다. 당분간 나의 산책 코스는 이 길이 될 것 같다.

(2006)

시집보내는 마음

혼자 사는 살림에 20평 공간이면 충분하다 생각하며 살아왔다. 이 집으로 이사 온 지가 어언 10년, 그때는 비교적 넉넉했던 공간이 언젠가부터 비좁게 느껴진다. 수시로 덜어내는 작업을 하지만 둘러보면 늘어난 살림살이가 대부분 책과 옷가지이다. 필요가 덜하다 싶은 책과 옷가지를 정리하는 데도 한계가 있다. 좀 더 큰 것을 버려야 할 시기가 온 것이다.

무엇을 덜어낼까? 아무리 생각해도 피아노밖에 없다. 작은방 대부분의 공간을 떡하니 차지하고 있는 30년도 더 된 구형 검정색 피아노. 이것 때문에 한여름에는 맞바람 통하는 창문을 열기에 불편을 느껴왔다. 그러고도 10년을 견뎠다. 그랬건만 이제는 아닌 것 같다.

이 피아노는 한때 나의 생계수단이기도 했다. 20대 중반 내 인생의 가장 푸르던 시절에 가족 한 사람을 잃었다. 우리 집 기둥인 큰오빠의 올케언니가 암으로 세상을 뜬 것이다. 그때 큰오빠는 광주 모 대학에서 교수로 있었고 오빠와 어린 조카들을 뒷바라지할 사람이 필요했다. 고향에 어머니가 계시고 대학에 다니는 여동생도 있었지만 내가 오빠 가족을 뒷바라지하기로 결심했다. 당시에 나는 서울에서도 잘 나가는 직장에 다니고 있었다. 하지만 그런 것 저런 것, 앞뒤 생각하지 않고 사표를 냈다. 직장 상사는 오랫동안 사표를 수리해 주지 않고 나를 붙잡으려 했다. 그래도 내 뜻을 굽히지 않고 기어이 광주로 내려가 오빠와 조카들 뒷바라지를 했다. 올케언니의 첫 제사를 치르고 오빠는 재혼을 했다. 직장 상사가 염려했던 대로 그때부터 내가 있을 자리가 없어졌다.

그래서 시작한 것이 작은 피아노 교실이었다. 하지만 여러 가지 사정으로 이마저 오래 하지 못했다. 피아노 교실을 정리하고 난 뒤에 다른 피아노는 다 처분을 하였어도 검정색 영창피아노만은 남겨두었다. 그리고 지금까지 내 젊은 날의 꿈과 희망, 좌절과 아픔이 고스란히 담긴 물건으로 소중히 간직해 왔다. 반주를 넣어 좋아하는 노래를 부르기도 하였고, 나이 들면 치매예방에도 좋을 것 같아 평생을 함께하려 했다.

교단에 설 날을 앞두고는 아이들 음악교과서에 실린 곡들을 연습해 보기도 했다. 하지만 요즘 학교에는 교실마다 피아노나 오르간이 있지도 않거니와, 인터넷 교육자료 사이트에 음악 반주가 실려 있는 관계로 피아노가 없어도 그만이다. 이렇게 되고 보니 집이 비좁다는 생각이 들 때마다 이 피아노가 처분해야 할 1순위가 되었다. 그래도 차마 처분은 하지 못했다. 가끔씩 건반에 손을 얹고 동요나 가곡을 부르고 나면 나름 심심할 때 기분전환도 되었다.

그런데 이번 추석 연휴가 화근이었다. 앞뒤 일요일까지 포함하여 8일이나 되는 긴 연휴 기간 동안 다시 어떻게든 피아노를 처리하자는 생각이 되살아난 것이다. 몇 년 전 에어컨 등을 보냈을 때처럼 이번에도 '아름다운 가게'에 기부하기로 마음을 먹었다. 그때 마침 내 집에 들른, 중학생 딸이 있다는 동생의 친구가 보고 집으로 가져갔으면 하는 마음을 비쳤다.

추석 전에 가지러 오겠다는 연락을 받고 피아노 주변에 쌓아둔 물건부터 정리하는 작업을 했다. 피아노를 쉽게 빼낼 수 있어야 하기 때문이다. 얼마 동안 방치해 두었는지 먼지가 수북했다. 먼지를 닦고 나서 건반을 눌러 보았다. 소리가 맑다. 10여 년 조율을 하지 않았는데도 실로 청아하다. 불현듯 아까운 생각이 들고 후회가 되었다. 가슴 한쪽이 아리다는 표현이 더 정확할 것 같다. 피아노 앞에 앉았다. 〈반달〉, 〈오빠생각〉, 〈엄마야 누나야〉 등의 동요를 쳐보았다. 더 아까운 생각이 들었다.

딸을 시집보내는 엄마의 마음이 이럴까. 짐으로 느껴지고부터는 버려도 아까울 줄 몰랐는데, 막상 누군가에게 준다고 생각하니 가슴이 쓰리다. 지금이라도 취소하고 싶은 마음이 굴뚝같다. 하지만 이제 와서 주겠다는 약속을 번복할 수는 없는 일……. 피아노 운반 전문가들이 오더니 두 명이서 채 5분도 안 되어 싣고 가버렸다.

피아노가 놓였던 자리가 허전하다. 한때는 책 못지않게 소중하게 여기던 물건이었는데, 구형이라 공간을 너무 많이 차지한 게 퇴출 이유라면 이유다. 나중에 필요하면 공간을 적게 차지하는 최신식 건반을 살 수도 있겠지만 시집보낸 피아노를 두고두고 잊지 못할 것 같다.

(2010)

구음과 베다

청명한 주말 오후, 집 근처 음악당을 찾았다. 어제 전야제를 시작으로 이곳에서 오늘부터 제 4회 전주세계소리축제가 열린다. 7일간에 걸쳐 펼쳐지는 축제 기간 동안 완창 판소리 다섯 바탕을 비롯하여 창극 〈춘향전〉, 종묘제례악, 전라도 선비의 소리, 중요무형문화재 초청공연, 창작 타악 공연, 대학창극축제, 크로스오버 등 다양한 음악과 춤을 만나게 된다. 오늘 첫날은 놀이마당과 명인홀에서 인도, 우즈베키스탄 · 타지키스탄, 몽골, 터키, 베트남 등의 유네스코 지정 세계무형문화유산 공연이 펼쳐진다. 내가 특히 관심을 가지고 기다려 온 프로그램이다.

명인홀에는 이미 나처럼 세계무형문화유산에 관심이 많은 관객들로 가득했다. 첫 공연은 인도의 〈베다〉로 시작했다. 인도의 세계무형문화유산은 〈베다〉라는 힌두교 찬송가이다. 베딕 찬송가라고도 부른다. 인도의 음악은 명상음악이 주류를 이루는데, 이 음악도 명상음악에 해당한다. 우리나라 판소리 시작 부분의 '단가短歌'에 해당하는 음악이 〈베다〉에서는 '알락'이다. 다섯 명이 의자 없이 앉아 세 명은 악기를 연주하고 남자와 여자가 번갈아가며 소리를 했다. '알락'은 우리나라의 '구음'처럼 일정한 소리만 반복하여 들렸다. 반복하는 소리는 '나나니니나 니~따나나 니니나'이다. 〈베다〉는 인도인들에게 성스러운 정신적 지식이자 문화와 종교의 근간이라고 한다. 이 소리를 알아들을 수 있는 사람이라면 금방 신들에게 바치는 시와 노래라는 것을 알아듣겠지만, 잘 알아들을 수 없는 내 귀에는 무당이 굿을 할 때 끊임없이 외우는 주문같이 들렸다. 하기야 우리의 무속 의식도 모두 신들에게 바치는 춤과 노래라는 점에서는 엇비슷하다.

두 번째는 우즈베키스탄 · 타지키스탄의 연주단이 나와 우즈베키스탄의 〈샤쉬마콤〉을 연주했다. 연주단은 일곱 명으로 구성되었는데 우리나라의 국립국악원 교수에 해당하는 사람들이란다. 연주에 앞서 그들의 바람을 진행자가 소개했다. 두 나라의 전통음악이 너무 느려 듣기 힘들 수도 있지만 마음으로 들으면 음악의 깊이를 이해할 수 있을 것이라고……. 그러나 그런 우려와 달리 사이사이 여성 무용수의 춤이 곁들여져 그리 지루하게 느껴지지는 않았다.

마지막 세 번째 공연은 몽골에서 했다. 연주한 음악은 〈모린후르〉이다. '마두금'이란 악기로 연주를 하였는데, 마두금은 현과 활을 모두 말의 꼬리로 만들었다고 한다. '초원의 첼로'라는 애칭을 갖고 있다는 이 악기는 우리나라의 해금보다 낮은 소리를 냈다. 유목민들의 낙천적인 삶을 노래하듯 음악이 흥겹고 경쾌했는데, 특히 기억에 남는 것은 몽골에서는 어미를 잃은 새끼들이 마두금 연주를 들으며 잠을 잘 잔다는 말이다. '후미'라는 음악을 연주할 때 여성의 날카롭고 높고 바이브레이션이 심한 소리도 인상적이었다.

세계의 전통음악이 대개는 우리나라의 '구음'에 해당하는 소리를 많이 한다는 것을 이번에 새로 알았다. 끊임없이 흥얼거리며 신에게 무엇인가를 주문하는 듯 보였다. 몰입의 경지에서 마침내 신을 만나지 않을까 하는 생각이 미칠 만큼 보는 사람조차 숨을 죽이게 했다. 공연 내내 국내외 취재진들이 바짝 다가서서 공연 내용을 카메라에 담았다. 국제적 행사라는 것을 실감게 했다.

유네스코에서는 보존, 전수 가치가 있는 세계 문화유산을 유형유산과 무형유산으로 나누어 관리하고 있다. 그동안 유형유산에 비해 그 중요성이 간과되어 왔던 무형유산은 우리나라를 비롯한 주로 아시아태평양 지역에 많이 분포하고 있다고 한다. 유형유산이 과거 인류의 역사적 자산이라면 무형유산은 역사적 토대 위에 오늘날까지 전해 내려오는 살아있는 전통문화이다. 우리나라에는 세계가 인정하는 이런 우수한 무형문화유산이 판소리 말고도 많이 있다.

무형문화유산의 진정한 가치는 문화유산의 다양성과 평등성에 둔다고 알고 있다. 어느 민족, 어느 나라 문화유산이 더 우수하고 가치가 있다는 식의 평가나 판단을 거부한다는 것이다. 인도의 〈베다〉, 몽골의 〈모린후르〉, 우즈베키스탄의 〈샤쉬마콤〉은 그것들대로, 한국의 〈판소리〉는 판소리대로 세계인들이 이들의 가치를 소중하게 인식하고 존중해야 할 것이다.

(2004)

도반道伴

새 화분 속 차나무 가지마다 참새의 혀 같은 잎들이 사랑스럽다. 작은 아파트 안에서 큰 몸살 없이 윤기나는 어린 싹을 피워 올린 착한 차나무이기에 더욱 애틋하다. 이제는 건강하게 자리를 잡은 것 같아 마음이 놓인다.

새봄이 되면 분갈이를 해야겠다며 겨울부터 기다려 왔다. 3~4년 새 제법 자란 직근성直根性 차나무를 더 이상 작은 화분 안에 두고 볼 수가 없었다. 옮겨 심으면 거의 죽고 만다는 차나무의 성질을 알고 걱정은 되었지만, 떡시루만 한 백자 화분을 사다 과감하게 원래의 차나무 세 그루를 옮겨 심었다. 그런 후 지성이면 감천이라는 생각으로 물도 주고 거름도 주며 수시로 들여다보았다.

처음 얼마간은 전체적으로 윤기가 줄어 적잖이 걱정을 했다. 두

세 가지에서는 적갈색 빛이 돌기도 하며, 시간이 멈춘 듯 4월이 다 지나도록 차나무에서는 봄의 어떤 기운도 느껴지지 않았다. 그렇다고 특별한 방법이 있는 것도 아니어서 때가 되면 양분 섞인 물이나 주며 조심스럽게 지켜볼 뿐이었다. 그러던 차나무에서 5월이 되자 저렇게 연한 새 잎이 싱그럽게 돋아나고 있는 것이다.

몇 년 전 여름 불볕더위 속에 보성에 있는 차밭에 갔었다. 하필 봄의 새 잎도 가을의 차꽃도 볼 수 없는 어중간한 때여서 TV 드라마 속 명소만 구경하다 돌아왔다. 올 때 1년생 차나무를 몇 뿌리 사서 가져왔다. 정성을 들인 만큼 사철나무처럼 푸르게 자라주는 것이 고맙고 미더웠다. 다음 해 여름 어느 날인가 무심결에 바라본 차나무에서 처음 꽃눈을 보았다. 그 기쁨을 뭐라고 표현할까. 꼬부랑한 새순 끝에 맺힌 작은 알갱이가 잎새 사이로 존재를 확인시키고 있었다. 어디로 보나 꽃망울이어서 온 여름과 가을 동안 들며 나며 꽃을 기다리는 재미로 살았다. 좁쌀만 하던 것이 수수알만 해지고 콩알만 해지고 앵두알만 해지더니 마침내 연연듯빛 봉오리를 터뜨렸을 때의 감동이라니!

기르기 까다로울 것 같은 차나무를 사온 이유가 차를 만들어 마시기 위해서는 물론 아니다. 어느 해 가을, 금산사金山寺 앞 어느 찻집에는 늦가을 을씨년스런 날씨에 어울리지 않는 꽃이 수반에 담겨 있었다. 봄의 수선화처럼 희고 청순해 보이는 이 꽃을 찻집 주인이 차꽃이라고 알려 주었다. 보성의 차밭에서 어린 묘목을 보고 반가웠던 것은 그때의 깊은 호감 때문이었다.

알려진 것처럼 불교에서 차는 수행의 한 중요한 방편이다. 마음을 맑고 고요하게 하는 데 차가 함께하고 다선일미茶禪一味, 선다일여禪茶一如의 선禪의 경지로 이끄는 것도 바로 차이다. 그러기에 초의선사 같은 많은 선승들이 차를 통해 부처를 만나고 있지 않던가.

내가 지켜본 차나무는 여러 가지 덕德을 지녔다. 차나무는 지조의 나무요, 절제와 겸손의 나무이며 정情의 나무이다. 여기에 더하여 나는 차나무에서 인내와 기다림을 닮고자 한다. 꽃망울 맺을 때부터 시작하여 꽃이 피고 지기까지 최소한 5~6개월, 꽃 진 자리에 열매가 맺혀 그 열매가 영글기까지 다시 꼬박 1년. 식물로서는 꽤 긴, 자그마치 1년 반이라는 짧지 않은 기간 동안 나무는 꽃눈을 만들고 꽃을 피우고 따글따글 열매를 여물어 간다. 눈보라와 비바람, 병해충을 모두 견뎌내고 마침내 어디에 뒹굴어도 끄떡없는 단단한 씨앗을 완성한다. 차나무를 다른 말로 실화상봉수實花相逢樹라고도 한다. 새 꽃이 필 때쯤 작년에 진 꽃의 열매가 함께 맺는, 꽃과 열매가 서로 만나는 나무라 하여 붙여진 이름이다.

정말 우연히도 작년 초여름, 저 차나무가 두 해째 꽃눈을 틔울 때쯤 뜻밖의 소식이 들려왔다. 국회에서 초등교육 현장에도 장애인 교사가 설 수 있도록 법을 의무화했다는 소식이었다. 이미 교육공

무원의 나이 제한 규정도 해제된 상태였다. 벌써 마흔의 중반도 넘긴 나이가 되었지만 나에게 다시 임용시험에 도전해 볼 수 있는 문이 열린 것이다.

그때부터 지금까지 1년 반 동안 차나무와 나는 서로가 도반이었다. 공부하다 힘에 부치면 베란다로 나가 차나무를 보고 앉았다. 푸른 차나무를 바라보며 새 기운을 얻었다. 물이나 양분을 줄 때마다, 흙을 골라줄 때마다 건강하게 자라거라, 예쁜 꽃 피우거라, 단단한 열매 맺거라 하고 속삭여 주었다. 같은 마음으로 찻잎에 기생하는 벌레도 잡아주고 상처 입은 한 장 한 장의 잎은 우유로 닦아주었다. 차꽃이 필 때는 벌 등을 대신하여 일일이 인공수정도 해주었다. 이런 일련의 행동은 흐트러지고 나약해지려는 나를 다독이는 작업이기도 했다.

차나무의 푸른 잎과 꽃들과 향, 방울토마토만큼이나 실한 열매가 모두 나에게는 기쁨이요, 용기요, 희망이다. 꽃눈이 자라 꽃을 피우고, 열매를 맺고, 그 열매가 영글어 가고, 또다시 새로운 꽃이 피어나는 과정 속에서 나도 내 공부의 열매를 꿈꾸며 더 굳은 의지를 다질 수 있었다. 그리하여 지난 연말 차나무에서 동백꽃 씨앗만큼이나 크고 단단한 씨앗들을 수확하고 나서 나도 임용시험에 최종 합격하는 소중한 결실을 맺을 수 있었다. 이번에는 누구도 나를 장애를 가졌다는 이유로 합격자 명단에서 제외시키지 못했다.

수확한 귀하고 귀한 차 씨앗은 모두 합해 여섯 알이었다. 이 씨앗들은 고향 친구와 글벗과 글쓰기 제자 등에게 나누어 주었다. 그들은 나의 임용시험 합격을 마음 깊이 기원해 준 소중한 사람들이기도 하다.

작년 가을 꽃피었다 진 자리에서는 지금 또 새로운 열매가 영글고 있다. 분갈이의 결과 착근着根을 하는 과정에서 차나무 스스로 여러 알을 포기했지만, 몇 개 안 되는 저들도 벌써 눈도장을 찍어둔 임자가 있다. 씨앗이 돌아갈 사람들과도 어떤 의미로든 도반이 되어주길 바라는 마음이다. 더 기대 부풀게 하는 것은 저 참새 혀 같은 새순이다. 새 잎이 푸르러질 때쯤 수많은 새 꽃망울이 자리를 잡을 것이기 때문이다.

(2006)

우린 감

해마다 이맘때쯤에 갖는 내 집 행사가 있다. 감을 우리는 일이다. 올해는 추석에 한 번 하고 이번이 두 번째이다. 추석에 딴 감은 아직 푸른빛이 남아 있었지만 이번 감은 완전히 주황빛이다. 어제 동생이 고향 집에서 이 감을 따왔다기에 먹을 만큼 덜어왔다. 원래는 쉬는 토요일에 가서 따려고 했는데, 덕분에 고향까지 가는 수고를 덜었다.

감을 우리는 방법은 옛날에 비하면 매우 간단하다. 예전에 고향에서 어머니가 감을 우리실 때는 항아리도 있어야 하고 더운물도 있어야 하고 아랫목도 필요했다. 떫은 감을 항아리에 담은 다음 더운물을 채웠다. 이렇게 한 다음에는 이불을 겹겹이 덮어 따끈한 아랫목에서 이틀 밤쯤 재웠다. 만약 감을 우리다 물이 식었다 싶으면 더운물로 다시 갈아주어야 했다. 이렇게 손이 많이 가고 힘도 많이 드는 일이었다.

나는 우린 감을 무척 좋아한다. 하지만 아파트에서는 이렇게까지 하여 우린 감을 먹기에는 너무나 번거롭다. 그러던 중 한결 간편한 방법을 배우게 되었다. 이것도 어머니가 가르쳐 주신 방법이다. 떫은 감의 꼭지 밑에 이쑤시개 같은 뾰족한 것으로 두세 군데 흠집을 낸다. 그런 다음 소주에 굴려 비닐봉지에 넣어 밀봉을 한다. 이것을 전기매트 위에서 이틀 밤쯤 재우면 맛있는 우린 감이 된다. 소주에 우려냈는데도 전에 더운물에 우려낸 감하고 맛에 있어 별 차이가 없다.

옛날에 우리 고향 마을에는 단감은 거의 없었다. 그리하여 가을이 되면 집집마다 으레 떫은 감을 우려서 먹었다. 그 시절 입맛에 길들여져서인지 모르겠다. 나는 아무리 바빠도 가을 이맘때는 꼭 한 번이라도 감을 우려 먹어야 가을을 보내는 것 같다. 홍시도 있고 곶감도 있지만 아삭아삭 씹히는 맛과 달큼함이 내 향수를 자극한다.

감의 종류가 많지만 우려 먹는 감으로는 먹감이 최고이다. 파라시와 수시감은 너무 물이 많고, 개종감은 껍질이 너무 두꺼워 우리는 데 시간이 많이 걸린다. 하지만 먹감은 물이 많지도 않고, 껍질이 두껍지도 않고, 푸릇한 빛만 가시면 우리지 않고 그냥 먹어도 달곰하다. 군것질거리가 많지 않던 어린 시절에는 이런 먹감을 주먹으로 깨서 먹는 재미도 있었다.

우리 집에는 먹감나무가 딱 한 그루 있었다. 고향 집 담벼락 한자리를 차지하고 있는 늙은 감나무였지만 먹감이 매우 튼실하게 열렸다. 추석이나 운동회가 돌아오면 그걸 따서 우려 먹었는데 어떤 과일보다 맛이 좋았다. 나는 그때의 우린 감 맛을 잊지 못하여 지금도 감을 우려서 먹는다.

동생 집에서 가져온 감을 일일이 깨끗한 행주로 닦고, 꼭지 밑에 구멍을 낸 다음 소주에 굴렸다. 그런 다음 20여 개씩 비닐봉지에 담아 밀봉했다. 그리고 침대 가장 좋은 자리를 이들 감 뭉치에게 내주었다. 아직은 방에 불을 넣을 때는 아니라서 감을 우릴 때는 해마다 침대 옥매트 위에 우리느라 나는 2~3일 저녁은 한쪽 귀퉁이에서 새우잠을 자야 한다. 누가 시켜서 한다면 못할 짓이지만 감을 맛있게 먹기 위해 그만한 불편함쯤 기꺼이 감수한다.

감 우리기는 우리 세 자매 중 내가 제일 잘하는 것 같다. 어머니께 이 신기술을 배우고 난 뒤 나는 한 번도 실패를 하지 않았다. 하지만 언니나 동생은 감이 너무 삶아지거나 떫거나 하여 늘 버렸다는 말을 한다. 그래서인지 동생은 감 우리기를 포기하고 대신 곶감을 깎는다. 오목대 밑 교동 한옥마을 처마 밑에 가을이면 곶감이 걸리는 집이 우리 동생네 집이다. 한옥마을을 찾는 사람들이 지나가다 이 풍경을 사진에 담아가기도 한다니 한옥마을의 또 하나의 명소가 되고 있는 것 같다.

나는 곶감은 변비 걱정 때문에 잘 안 먹고, 홍시는 먹는 동안 옷에 흘러내릴까 봐 조심스럽고, 농약이 의심되는 시중에서 파는 단감은 깎기가 귀찮다. 오로지 무공해 무농약으로 껍질째 먹을 수 있는, 알코올로 소독까지 한 고향에서 따다 우린 내 집 우린 감이 최고다.

언제든지 감을 우리면 나 혼자 먹지 않고 친구들도 주고 학교에 가져 가 아이들에게 맛을 보이기도 한다. 이 감이 우려지면 이번에도 여럿이 나누어 먹을 생각이다. 하나 꺼내 먹어보니 단맛이 제대로다. 참 신기하기도 하지. 어떻게 그 떫은 것이 하루이틀 사이에 이렇게 단맛이 나는 감이 되는지. 떫은맛, 쓴맛, 신맛 그만큼 보았으니 이제부터는 내 인생도 단맛만 나는 세상이었으면 하는 생각을 우린 감을 먹으며 해본다.

(2009)

산버들 가려 꺾어

200년 전통의 '전주대사습놀이 전국대회'가 5월 4일 전주실내체육관에서 열렸다. 판소리, 가야금병창, 농악, 무용, 민요 등 9개 부문으로 나누어 펼쳐진 이번 대회에서, 판소리 명창부 장원은 〈춘향가〉 중 '오리정 이별 대목'을 부른 스물아홉 살 젊은 소리꾼이 차지했다.

'춘향과 이 도령은 정이 점점 깊이 들어 세월 가는 줄을 모를 적에, 사또께서 동부승지同副承旨 당상堂上하야 내직內職으로 올라가시게 되니 하릴없이 이별이 되겠구나.' 장탄식 섞인 아니리가 벌써부터 춘향과 이 도령의 이별을 예고한다.

"아이고 여보 도련님, 참으로 가실라요? 나를 어쩌고 가실라요. 인제 가면 언제 올지 올 날이나 알려주오." 섧게 우는 춘향에게

이 도령은 "내가 가면 아주 간단 말이냐, …상봉헐 날이 있을 테니 송죽松竹같이 굳은 절행 날 오기만 기다려라."며 달랜다. 중모리 가락에 얹힌 슬픈 창조唱調의 대화이다.

이별을 쉽게 받아들이는 춘향은 술상 차려 향단을 앞세우고 다시 농림숲의 오리정五里亭으로 나간다. 여기서 춘향과 이 도령은 합환주合歡酒 아닌 눈물의 이별주를 나누고, 춘향은 지환指環(가락지)을, 이 도령은 대모석경玳瑁石鏡(거울)을 주며 마음 변치 않을 것을 약속한다.

우리 옛 시가詩歌에서는 이런 이별 장면이 많이 있다. 고려 가요 〈가시리〉에서부터 조선 명기 이매창과 황진이의 여러 시, 근대 김소월의 〈진달래꽃〉과 민요 〈아리랑〉에 이르기까지 이별을 노래한 시와 노래는 많고도 많다. 남녀 사이에 사랑과 이별은 영원한 주제이기 때문이나 그 내용을 들여다보면 하나같이 절절하다.

그 중 내가 아는 가장 멋스러운 연시戀詩의 하나가 홍랑洪娘이 쓴 〈묏버들 갈해 것거〉이다.

> 묏버들 갈해 것거 보내노라 님의 손대
> 자시난 창 밧긔 심거 두고 보소서
> 밤비에 새닙 곳 나거든 날인가도 너기소서

풀이를 하면 이런 뜻이다. '산버들 가려 꺾어 임에게 보내노라. 주무시는 창밖에 심어두고 보소서. 밤비에 새잎 나거든 나인 줄 여기소서.'

홍랑은 조선 선조 때의 기생이다. 1573년(선조 6년) 고죽孤竹 최경창崔慶昌이 북평사北評事로 함경도 경성鏡城에 있을 때 사귀어 정이 깊었다고 한다. 최경창은 일찍이 송강 정철과 교류할 만큼 탁월한 문장가이기도 했다고 하니, 시와 풍류를 아는 젊은 관리와 재색을 겸비한 기생과의 정신적 교감이 이런 시를 낳게 했을 것이다.

이 시는 고죽이 벼슬이 바뀌어 서울로 돌아가게 되자 영흥永興까지 배웅하고 저문 날 빗속에서 버들가지와 함께 건넨 것이라고 한다. 후에 홍랑은 고죽이 병중이라는 소식을 듣고 7일 밤낮을 달려가 약시중을 들기도 하였고, 그가 죽자 무덤에서 시묘살이를 하다 죽었다고 전한다.

홍랑의 시에서는 〈오리정 이별가〉의 울고불고 하는 장면은 찾아볼 수 없다. 사랑하는 사람을 천 리 밖으로 보내는 슬픔이 컸을 테지만, 눈물보다 더한 이별의 곡진함을 시와 버들가지에 담아 건네는 멋을 지녔다.

좀 지나친 비유일지 모르겠으나, 어떤 인연으로 단 한 번 만난지 10년도 더 되는 세월을 보낸 남녀가 있다. 남자를 향한 그녀의 한결같은 마음에 감동한 하늘이 은하수보다 더 먼 두 사람 사이에 오작교를 놓아 주었다. 갑신년 새해 그녀의 집으로 까치가 남자의 소식을 물어다 주었다. 자그마치 13년 만의 일이다. 먹물 옷 입고 앉아 정진만 하던 남자는 오랜 침묵을 깨고 그렇게 '달[月]'이 되어 그녀 곁에 와서 섰다.

그날 둘에게 약속된 시간은 해 지기 전까지의 단 하루. 남자와 그녀는 남녘의 한 지점에서 만나 쌓인 이야기를 나누고, 점심을 같이 들고, 강변의 모래사장도 함께 거닐었다. 느리게 흐르는 강물에 마음을 담그는 동안 남자가 즉석에서 그녀를 위한 시 한 편을 지어 건넨다. 해는 속절없이 기울어 둘은 이제 다시 본래의 자리로 돌아가야 한다.

이별은 누구에게나 안타까운 일이다. 그렇다고 먹물 옷 입은 사람 앞에서 춘향이처럼 울고불고 할 수는 없는 일이다. 홍랑의 버들잎 같은 마음을 편지에 담아 전하는 그녀. 그런 그녀를 위해 자신이 보던 책을 한 묶음 차에 실어주던 남자. 차가 모퉁이로 사라질 때까지 남자가 내내 지켜보고 있다.

이 그림이 춘향과 몽룡, 홍랑과 고죽의 장면만 못하다고 선불리 말하지 말기다. 고죽과 홍랑처럼 남자와 그녀도 어쩌면 맺어지기 어려운 사이. 그래서 노을도 그리 붉게 탔던 것일까.

(2005)

여행자

– 진안고원 마실길을 걸으며

걷기에 대한 온 국민의 관심이 높다. 주변의 산책길을 걷는 일은 일상이 되다시피 했고 일부러 제주도 올레길, 지리산 둘레길, 강릉 바우길 등을 찾아 길을 떠나기도 한다. 이런 추세에 맞추어 최근에는 4대 종교 순례지를 연결한 전라북도의 '아름다운 순례길'도 생겨났다. 올레길, 둘레길, 순례길 등은 대부분 길을 통해 마을과 마을로 이어지는 마실길이자 이야기가 있는 길, 사색의 길, 치유의 길이다.

얼마 전에는 '진안고원 마실길'이 생겼다는 소식도 들린다. 북한에 개마고원이 있다면 남한에는 진안고원이 있다. 그만큼 높은 지대에 자리잡아 산이 많고 골이 깊어 물길 또한 굽이굽이인 고장이 진안이다. 이곳에 마을과 마을을 연결하는 15개 구간의 정감 있는 마실길이 생겼다는 소식은 나를 적잖이 설레게 했다. 더군다나 2구간은 내 고향 마을을 지나고 있다지 않은가. 먼 제주도 올레길을 부러워할 것 없이 나도 이참에 추억이 서린 고향의 옛길을 느릿느릿 걸어보려 한다.

진안고원 마실길 2구간의 다른 이름은 '내동산 도는 길'이다. 백운, 마령, 성수 3개 면을 끼고 있는 내동산(887m)을 남서 방향에서 반 바퀴 도는 구간이다. 인근에 전라북도산림환경연구소가 있는 30번 국도변 백운면 덕현 마을에서 출발하여 구신치를 넘은 다음, 성수면 원구신 마을에서 장성, 하염북, 상염북을 지나 중평 마을에 이르는 길이다. 걸음이 불편한 나는 총 12km 남짓 되는 거리 중 차가 갈 수 있는 길은 차로 가고 차가 닿지 않는 곳만 두 발로 걷기로 했다.

9월의 어느 토요일 주말, 동생과 동행하여 전주를 출발했다. 차를 고향 원구신 마을 입구에 세워놓고 출발지인 덕현 마을까지는 택시를 불러 타고 갔다. 두 마을 사이에 있는 구신치를 차로는 넘을 수 없기 때문이다.

마실길을 소개하는 큼지막한 안내판이 제일 먼저 우리를 맞았다. 덕현 마을은 예부터 장수 마을로 유명하다. 비결은 동네 공동우물에 있다고 한다. 마을 사람들은 이 우물물의 시원始原이 이곳에서 멀지 않은 섬진강의 발원지 데미샘이라고 믿고 있다. 아직도 마을 사람들은 이 물을 길어다 밥을 짓는데, 밥이 그렇게 차지며 기름지다고 한다. 우리도 출발 전에 이 샘물로 목부터 축였다. 여기서부터 시작하여 구신치(410m)를 넘어 차를 세워두고 온 원구신까지는 2~3km 정도밖에 되지 않지만 산길이라 느린 내 걸음으로는 2시간은 족히 걸릴 것이다. 택시 기사가 걸음이 불편한 나를 배려하여 최대한 재 가까운 곳까지 우리를 데려다 주었다. 장뇌삼 재배지가 있는 이곳부터는 차로는 더 이상 갈 수가 없다.

택시에서 내리자마자 우거진 숲과 만났다. 하늘이 잘 보이지 않을 만큼 나무가 빽빽하여 조금 걱정은 되었지만 설레는 마음이 더 크다. 그 옛날 걸어서 다니던 시절 백운 사람들이 관촌과 임실을 오갈 때 이 고개를 넘었고, 반대로 우리 동네 사람들은 이 고개를 넘어 백운과 마령까지 다녔다. 후에 마을을 가로지르는 신작로가 생기고 난 뒤에도 근방의 사람들은 가끔씩 이 재를 넘어 장이나 학교에 다녔다. 그런저런 이야기를 도란도란 나누며 산길을 걸었다. 저 아래 포장된 도로와는 발의 느낌이 다르고 공기가 다르고 기분이 다르다. 하지만 반 원시 상태로 남아 있는 길이라 일일이 지팡이로 풀을 헤치며 나아가야 했다.

무릎 높이로 자라난 물봉선, 쑥부쟁이, 취나물 등의 꽃 이름을 기억해내며 얼마쯤 걸었을까. 동생이 환호성을 질렀다. 쓰러져 길을 가로막고 있는 나무에서 으름을 발견한 것이다. 으름넝쿨이 친친 포플러나무를 감고 있었는데 여기에도 저기에도 으름이 주렁주렁했다. 주머니 가득 으름을 따 담았다. 걷는 동안 길 가득 피어 있는 풀꽃 사이로 도토리를 줍는 재미도 쏠쏠했다.

허리도 펼 겸 잠시 눈을 들어 주변을 둘러보았다. 리기다소나무 숲 저 너머로 손에 잡힐 듯 내동산 높은 봉우리가 보인다. 그 위로는 흰 구름이 머물고 있고 어디선가 산새소리도 들려온다. 가까운 옛날까지만 해도 저 듬직한 산에 기대어 사는 사람들은 땔나무와 먹을거리 걱정은 없었다고 하고, 산을 감고 도는 수많은 섬진강 물줄기는 지금도 이곳 사람들에게 얼마나 고마운 젖줄인가.

그렇게 한 시간쯤 왔을까. 저만치 구신치 정상이 보였다. 지팡이를 짚은 손과 발에 힘이 들어간다. 이번에는 동생의 도움을 받지 않고 혼자서 성큼 정상까지 올라섰다. 옛날 같으면 여기쯤에서 고향 마을이 보일 텐데 지금은 우거진 숲 때문에 잘 보이질 않는다. 잠시 쉬며 준비해 간 간식을 먹고 따온 으름도 더 먹을 수 없을 만큼 먹었다. 맛은 달달하고 좋으나 으름은 씨가 너무 많은 것이 흠이다. 다시 걷기 위해 일어서는데 도둑놈의 갈고리들이 내 바짓가랑이를 붙잡는다.

정상을 넘어서자 고개를 소개하는 팻말이 보였다. 옛날에는 이곳에서 귀신이 나온다는 소문이 있어 장정들도 혼자 넘을 때는 등에 식은땀이 났다고 들었다. 전에는 오며 가며 돌멩이 던지던 돌무더기가 있었는데, 지금은 보이지 않고 대신 남근석이 세워져 있다. 틀림없이 여기 어디쯤에 진행 방향을 알리는 표시가 있었을 것이다. 그런데 우리는 그걸 미처 못 보고 옆으로 이어지는 완만한 산길을 계속 내려갔다. 아는 길이라고 둘 다 방심을 한 것이다. 나무들 사이로 멀리 고향 마을이 보였다. 그런데 걸을수록 점점 마을이 멀어지는 것을 보고서야 길을 잘못 든 것을 알아차렸다. 할 수 없이 수풀을 헤쳐 가며 밭으로 들어선 다음에야 마을길로 내려설 수 있었다.

고향 마을과 넓은 들이 한눈에 들어왔다. 들판은 한창 벼가 익어가고 있다. 행정구역상 내 고향 마을 이름은 진안군 성수면 구신리 원구신이다. 내가 자랄 때 우리 마을은 인근에서 살림살이가 가장 넉넉했으며 교육열도 높았다. 그만큼 인심이 좋았고 우리 집만 해도 오빠 둘이 박사학위까지 받았다.

아이들의 놀이터였던 동뫼산과 모정 옆 큰 바위는 쓸쓸히 고향을 지키고 있고, 울타리와 담장, 밭 가장자리마다 감나무에 물이 들어가고 있다. 고향의 가장 아름다운 풍경이 바로 감이 익어가는 이 무렵이다. 동생은 잠깐 우리 밭 주변 밤나무 밑으로 밤을 주우러 갔다. 그 사이 나는 마을회관 옆 그늘에서 혼자 쉬기로 했다. 차 안에서 보니 샘가에 그려진 '진안고원 마실길'이란 노란색 화살표가 아래쪽으로 표시되어 있다. 아까 우리는 고개에서 저걸 놓쳐 조금 헛걸음을 했다.

인기척을 듣고 마을 분들이 나오신다. 내가 자랄 때 20호가 넘던 마을이 지금은 10여 호밖에 남지 않은 마을이 되었다. 그나마 집집마다 노인들이 대부분이고 우리 집도 부모님은 다 돌아가시고 빈집으로 남아 있다. 고향에 갈 때마다 차 한잔하고 가라며 반겨주는, 서울서 귀향한 선배 부부를 만났다. 한동네에서 부부연을 맺은 뒤 어느새 환갑을 넘긴 부부는 동네 어르신들의 잔심부름 다하고 고장 난 것도 고쳐주고 아프면 병원에도 모셔가고 한다. 실질적인 아들

딸 노릇을 하는 선배 부부가 그래서 늘 고맙다.

이들과 이야기를 나누는 사이 배낭을 멘 낯선 여행자가 나타났다. 남자는 1구간의 백운면 신전 마을부터 두 시간 넘게 걸어왔다고 한다. 우리가 온 길을 뒤따라 온 것 같아 더 반가운 마음이 들었다. 모정에 배낭을 내려놓는 걸 보니 잠시 쉬어가려는 것 같다. 얼마나 고마운 일인가. 마실길이 아니면 누가 잘 알려지지 않은 이런 오지의 내 고향 마을을 일부러 찾아주겠는가. 홍시와 알밤을 나눠주며 남자와 이야기를 나누어 보았다. 이 여행자는 남원에서 왔으며 고등학교에서 학생들을 가르치고 있다고 한다. 얼마나 여행을 좋아하는지 남자의 수첩에는 진안고원 마실길 코스가 깨알처럼 적혀 있고, 그래서 그런지 남자의 얼굴이 볼수록 평화롭다. 남자는 오늘 안으로 1, 2구간을 모두 걸을 계획이라고 한다.

여행자가 다시 길을 나서는 것을 보고 우리도 떠날 채비를 했다. 여기서부터는 내리막길이고 걷는 데에 무리가 없게 평탄하다. 들판을 가로질러 불어오는 바람을 심호흡으로 마셨다. 고향은 바람조차 달다. 전주이씨 집성촌인 장성 마을을 지나 하염북까지는 2km 정도, 시동 방향과 상염북 방향으로 길이 갈리는 지점에 초등학교가 있었다. 근방의 아이들은 모두 이 초등학교에 다녔고, 나는 나의 모교인 이곳에서 후배들을 가르치는 것이 꿈이었다. 하지만 많은 우여곡절과 장애를 딛고 교단에 설 수 있게 되었을 때는 나의 모교는 폐교가 된 뒤였다. 지금은 풀장까지 갖춘 어느 회사 수련원으로 용도가 바뀐 채 갈 때마다 꼭꼭 문이 잠겨 있는 건물을 지나칠 때면 그래서 더욱 안을 기웃거려보게 된다.

다시 이웃 마을 상염북을 향해 이동했다. 우람한 정자나무들이 먼저 우리를 맞는다. 내동산 정기를 온몸으로 받는 이 마을에는 사연이 있는 느티나무 보호수가 있다. 수령이 600년이 넘는 이 나무는 임진왜란과 경술국치 등 나라에 불행한 일이 닥칠 때마다 잎을 피우지 않은 채 임금이 계시는 북쪽을 향해 쓰러져 있었다고 한다. 그리하여 마을이 염북念北이라는 이름을 갖게 되었으며 이

충성스런 느티나무 가족 옆의 정자 이름은 충목정忠木亭이다.

마중 나와 있는 초등학교 동창생이 돌담 아래 보인다. 마지막 난코스를 넘을 때 이 친구의 도움을 받기로 미리 약속이 되어 있다. 이 마을 이장 일을 6년간 보았다는 친구는 쉰 살이 넘도록 아직 장가를 못 간 노총각이다. 홀어머니 모시고 농사만 지어온 착하디 착한 친구인데, 창작판소리에 나오는 '노총각 거시기'처럼 더 늦기 전에 '연변 처녀'라도 만났으면 하는 바람이다.

2구간의 마지막 코스는 상염북에서 중평 마을을 향해 내동산 가파른 능선을 장장 8km나 오르내려야 한다. 중간에 아조개재라는 재도 하나 있다고 들었다. 원래 임도林道로만 이용하던 길이라 이 근방 사람들조차 이런 길이 있는지 모르는 사람이 많다는데, 다행히 친구는 이 구간을 몇 번 넘어본 적이 있다고 한다.

동창생의 트럭에 올라탔다. 걱정했던 대로 꼬불꼬불하고 가파른 비포장 길, 어찌나 긴장이 되는지 손잡이를 잡은 손에 땀이 났다. 인가人家는 고사하고 물 한 모금 떠 마실 곳 없는 말 그대로 팍팍하고 적막한 산길이 이어졌다. 불과 몇 분 전 저 아래 마을과 마을에서 느꼈던 정감이 여기서는 어디에도 없다.

아니다. 생각해 보니 다른 여러 길 놓아두고 2구간에 한적한 이 길을 넣은 이유가 있을 것도 같다. 지금까지는 사람 사는 이야기와 볼거리들과 인정이 있는 마실길이었다면, 산으로만 이어지는 여기서부터는 여행의 끝자락 마지막 사색의 구간으로 일부러 넣었을 수도 있다. 짧지 않은 숲길에서의 맑은 고요는 존재에 대한 물음의 시간으로 이어질 것이고 산을 내려서는 그 순간에 영혼까지 맑아지는 여행이 되었으면 하는 바람이 담겨 있지는 않을까. 이런 생각을 하는 동안 차는 힘겹게 소나무 숲 고개티를 돌고 돌았다.

마침내 산마루에 올라섰다. 전망대에서 보니 멀리 성수면 소재지와 주변 마을이 한눈에 들어온다. 첩첩이 산이지만 벼가 익어가는 들판이 보이고 마을과 마을을 이어주는 길도 보인다. 차를 타고도 한참을 올라 온 이렇게 가파른 산길을 아까 고향 마을에서 만난 여행자는 오늘 안으로 다 걸을 수 있을까. 해가 지기까지 시간이 그리 많이 남지는 않았다.

다시 산 능선을 타는 동안 아조개재를 만났다. 2구간 중 가장 걱정했던 곳인데, 차로 넘을 수도 있고 구신치보다 험하지 않아 다행이었다. 아이들이 뛰놀던 고개라 하여 붙여진 정겨운 이름의 재를 넘어 터덜거리는 좁은 길을 조심조심 내려간 끝에 마침내 중평 마을에 도착했다. 언제 가파른 산을 내려왔나 싶게 들판이 제법 넓다. 중평 마을은 굿으로 유명하다. 중평 마을 사람들은 음력 정월 대보름날 전야에 샘굿을 한다고 하는데 이 굿으로 한국민속예술축제에서 국무총리상을 받은 적도 있다고 한다. 중평굿체험장 앞에서 만난 이 마을 출신 면서기의 자부심에 찬 설명이다.

다시 상염북 마을로 돌아올 때는 아까 온 가파른 산길 대신 산 아래 포장된 길로 돌아서 왔다. 덕분에 2구간과 연결된 3구간의 여러 마을과 물길을 스치며 올 수 있었다. 섬진강 본류와 지류를 따라 걷는 3구간 또한 물길마다 마을마다 나름의 스토리가 있을 것이다. 동창생과 헤어지기 전 관촌으로 나와 저녁을 함께했다. 이 친구의 도움이 없었다면 하루 만에 2구간을 다 돌아보는 일은 불가능했을 것이다.

우리는 어디서 와서 어디로 가고 있는가. 어떻게 사는 것이 가장 후회가 적은 삶이 될까. 나 역시 바쁜 일상에 묻어두었던 이 화두를 오늘처럼 여행을 하는 동안만이라도 꺼내어 되새김하려 한다. 우리가 가는 인생이라는 여행길은 이런 물음에 대한 해답을 얻어가는 과정이라고도 했다. 진안고원 마실길 중에는 진안의 명산 마이산을 가로지르는 구간, 정여립의 영혼이 깃든 구간, 고개 너머 백운길 구간 등 걷고 싶은 길이 많다. 앞으로 시간이 나는 대로 체력에 맞게 조금씩 걸어볼 생각이다. 그렇게 하는 동안 차츰 상처 많은 내 영혼까지 말끔히 치유될 수 있다면 얼마나 좋을까. 나는 언제나 인생의 맑은 여행자이고 싶다.

(2012)

4부

강천산의 겨울

초의 스님이 달을 통해 그림자와 그것을 만드는 실체,
이 둘을 세상에 있게 한 진짜 주인을 찾는 과정과
그대가 진리를 상징하는 불교의 달을 별명別名에 넣은 것이
단지 우연일까요?

글 읽는 소리

70여 쪽짜리 딱지본 고古 소설 한 권과 다시 겨루기를 시작한다. 한지 서책을 묶듯 무명실로 가장자리를 묶은, 부모님의 체취가 묻어 있는 책이다. 책상 앞에 양반 자세로 시작하여 아버지처럼 베개를 베고 읽다 어머니처럼 무릎에 놓고 읽기도 한다.

아이들 공책 두께에 손바닥만 한 크기의 책이다. 금방이라도 부서져버릴 것 같은 형편없는 지질紙質, 세로쓰기의 책 한 권이 10년 넘게 나의 접근을 좀처럼 허락하려 들지 않는다. 읽다가 덮어버린, 책꽂이에 꽂혀 있는 책을 볼 때마다 마음이 개운치 않다.

'각셜대명영종황졔직위초의황실……' 모두 이런 식이다. 띄어쓰기도 문장 부호도 없는, 순 고어 투의 고대소설. 어쩌다 이 책을 손에 넣어 내 인내를 어지간히 시험당해 왔다. 오늘 다시 눈이 맞았으니 이번에는 무슨 일이 있어도 독파讀破하고 말리라. '각설, 명나라 황제 영종의 직위 초에 황실이 미약하고 법령이 불행한 중 ……' 대충 짐작을 하며 읽어 나간다.

내가 '철수야, 영희야, 바둑이하고 놀자.'고 쓴 국어책을 읽기 전부터 부모님은 이런 책을 읽으셨다. 장에 간 아버지는 가끔씩 이야기책을 사서 들고 오셨다. 농한기 같은 때, 사랑방에서 목침을 베고 누워 글을 읽는 소리는 어린 내가 들어도 구성진 가락이었다. 한숨이 있고 헛기침이 있고, 목소리만 들어도 이야기의 긴장과 이완이 느껴졌다. 육자배기 한 자락을 듣듯 맺고 풀리고 리듬을 타는 소리, 참으로 목청 좋은 소리였다.

아버지가 읽고 난 책은 이제 어머니의 차례가 된다. 길쌈과 바느질 서둘러 끝내고 나면 어머니도 정월 내내 고담소설 읽는 재미에 빠지곤 하셨다. 우리 집 안방은 겨우내 밤마실을 온 동네 아낙들로 가득 찼다. 아낙들은 호롱불 심지를 돋워가며 가슴을 졸이며 어머니가 읽어주는 이야기를 들었다. 총기 밝으신 팔순의 어머니는 ≪심청전≫, ≪조생원전≫, ≪장화홍련전≫ 등 그때 읽은 고담집 내용을 지금도 생생히 기억하고 계신다. 엊그제는 그때 읽은 이야기 하나만 들려달라고 조르는 나에게 ≪조생원전≫을 들려주셨다. 조생원의 아들 혜성이 우여곡절 끝에 사랑하는 여자 김소저와 결혼도 하고 가정의 화락和樂을 되찾는다는 대목에서는 눈물바람을 하기도 하셨다.

근방의 한량이신 아버지 때문에 조용할 날이 없는 집안이었다. 일하기는 싫어하면서 거의 장날을 거르지 않는 아버지, 그런저런 일로 어머니의 속이 상하면 우당탕탕 부부싸움이 벌어지기도 하였다. 그러다가 집안이 맑게 갠 날이면 사랑방에서도 안방에서도 글 읽는 소리가 들려왔다. 구성진 타령조로 부모님의 글 읽는 소리가 들릴 때 집 안은 봄이 온 듯 따뜻하고 평화로웠다.

부모님이 읽으시던 그 많은 고담집 중 남아 있는 것은 지금 내 수중에 들어온 ≪류충렬전劉忠烈傳≫이 유일하다. 영웅소설이니 아버지가 특히 좋아하셨지 싶다. 단기 4295년에 서울 종로 세창서관에서 인쇄했다고 적혀 있다. 50년이 다 되었으니 이제는 고서박물관에나 가야 볼 수 있는 책이다.

'도박의 오락은 패가망신하고 독서의 연구는 성공치부한다. 인생의 성공발전도 독서에서, 문화 향상도 독서에서……' 뒤표지에 적힌 독서 캠페인이 웃음을 자아낸다. 당시에는 농어촌에서 놀음판이 매우 성행했다고 한다. 이를 퇴치할 수 있는 방법의 하나로 이런 책을 대량으로 찍었고, 전국의 행상을 통해 장날 시장에서 판매하게 했다고 한다. 당시에도 출판사가 국민계도, 국민계몽에 일익을 담당했다고 할 수 있다.

≪류충렬전≫, 마음만 먹으면 한두 시간 안에 읽을 수 있을 줄

알았다. 하지만 눈으로 읽어나가다 보면 어느 사이 줄을 놓쳐 헤매고 있고, 소리를 내어 읽다 보면 리듬이 헝클어져 제 풀에 웃고 만다. 어머니처럼 손으로 짚어가며 소리를 얹어보니 그런대로 진도는 나가는데 이번에는 그만 줄거리를 잊고 만다. 어쩐지 어설프기만 하다. 옛글에다 띄어쓰기도 되어 있지 않은 글의 호흡조절을 어떻게 다 극복하고 부모님은 그처럼 구성진 소리까지 얹어 읽어나가실 수 있었을까.

그 옛날, 묵향 가득한 선비의 방에서는 낭랑하게 글 읽는 소리 끊이지 않았다. 학문은 목소리의 기운으로 하는 것이라 여겨 청아하며 호탕한 목소리로 책 한 권을 수십 번씩 읽고 외웠다고 한다. 우리 부모님은 어려운 한서漢書를 읽을 만한 학식을 갖추지는 못하였다. 어깨너머로 깨친 언문실력이 있어 그나마 호사를 누리셨을 것이다.

이 책이 어머니가 그토록 재미나게 읽은 ≪조생원전≫이었다면 나도 한결 글 읽는 맛이 났을지 모르겠다. 어머니가 눈물바람을 하신 대목에 큰 숨도 쉬어가면서 어머니와 느낀 소감을 나눌 수도 있었으리라. 여러 가지로 아쉽기는 하지만 사흘 만에 책장을 덮으려니 류충렬이 역적 정한담과 최일귀를 베어 천자天子를 구할 때처럼 속이 후련하다. 어디서 아버지 어머니의 글 읽는 소리가 들리는 듯하다.

(2004)

청백리淸白吏 이야기

모춘牟邨 선생께는 생전에 백암白岩, 탄암灘嵓, 향원向原 세 친한 친구가 있었다. 50년 우정의 노신사 네 분이 한자리에 모이면 한 가지 이야기를 가지고도 시간 가는 줄 모른다고 했다. 한번은 이분들과 율곡 선생을 모신 파주의 자운서원紫雲書院과 화석정花石亭을 돌아볼 기회가 있었다. 점심을 드는 자리에서 이분들이 이이李珥, 맹사성孟思誠, 황희黃喜 세 청백리를 화제로 삼았는데, 옆에서 듣던 나머지 일행은 어른들의 학식과 화술話術을 숨을 죽이며 지켜보았다.

조선 중기의 학자요 정치가였던 이이李珥에 대해서는 새삼스럽게 언급할 필요조차 없다. 역사를 통해 그분의 학문이나 업적은 수없이 들어 알고 있기 때문이다. 그러나 그분이 평생을 청백리로 살다 갔다는 사실은 나는 그날 처음 알았다.

사록史錄에 전하는 대로 율곡 선생은 아홉 번이나 과거에 장원급제하였고, 호조좌랑戶曹左郎을 시작으로 49세에 운명할 때까지 계속해서 고관 현직을 거쳤다. 퇴계退溪와 주리론主理論, 주기론主氣論으로 서간 논쟁을 벌인 일이나 수많은 저서, 십만양병설 등으로도 우리에게 잘 알려진 그는 운명할 때에는 이조판서라는 현직에 있었다. 그럼에도 불구하고 선생이 세상 뜰 무렵 집에는 한 섬 저축된 곡식이 없었다고 한다. 오죽하면 입몰入沒하였을 때 옷을 빌어다가 염殮을 하기까지 했을까. 율곡 선생이 평생을 통하여 얼마나 한 점의 물욕도 없는 청백리였는지 이것만 보아도 알 수 있다. 율곡 선생과 동향同鄕이라는, 파주 출신 탄암 선생의 자부심에 찬 칭송이 그칠 줄을 몰랐다.

이에 질세라 모촌 선생이 화제에 올린 청백리는 맹고불孟古佛이었다. 여말선초麗末鮮初의 문신인 고불은 사람 됨됨이가 소탈하고 겸손하였으며 농민들에게도 말벗이 되어 주는 인자한 사람이었다. 그는 효성이 지극하고 청백하여 늘 검소한 생활을 하였는데, 어느 수령이 남루한 옷차림을 한 맹사성을 몰라보고 야유를 보냈다. 뒤늦게 그가 맹사성임을 알고 도망치다가 관인官印을 못에 빠뜨렸는데, 그 못을 '침인연沈印淵'이라 한다는 일화를 먼저 들려주었다.

'공당문답公堂問答'의 일화를 말할 때는 모촌 선생의 얼굴에 장난기마저 보였다. 맹사성이 고향에 다녀오는 길이었다. 과거에 응시

하러 가는 젊은이와 같은 주막에 묵게 되었다. 젊은이가 초라한 행색의 맹사성을 얕잡아보고 다짜고짜 '공'자와 '당'자를 넣어 문답을 하자며 무례하게 굴었다. 그렇게 거들먹거렸던 젊은이가 과거에 급제한 후 의정부에 인사를 드리러 갔다. 맹 정승이 먼저 젊은이를 알아보고 "그래, 시험은 잘 보았는공?" 하고 묻자 젊은이가 "주주주… 죽어지이당." 하며 머리를 조아렸다고 한다. 여기까지 말하고서 얼마나 재미가 있으면 모촌 선생이 소년 같은 웃음을 더 이상 참지 못했다. 그 후 젊은이는 자신의 잘못을 크게 뉘우치고 열심히 녹사의 일을 감당했으며 맹 정승도 젊은이를 크게 썼다고 한다.

모촌 선생이 이야기를 마치자 기다렸다는 듯 이번에는 백암 선생이 방촌厖村 황희에 대한 이야기를 시작했다. 황희 또한 맹사성과 동시대 인물이다. 태조부터 세종까지 4대에 걸쳐 임금을 모시며 어질고 현명한 신하로서 조선 초기의 국가 기반을 닦는 데 많은 공을 세웠다. 다소의 오점이 없지는 않았지만, 특히 세종 때는 최고 벼슬인 영의정을 18년간 지내면서 어진 정치를 베풀어 임금의 신망과 백성들의 존경을 받았다.

황희의 일화를 말할 때 '두 마리의 소' 이야기를 빠뜨릴쏘냐. 어느 날 길을 가다 들판에서 농부들이 소를 몰며 논을 갈고 있는 모습을 보았다. 지켜보던 황희가 농부에게 두 마리의 소 중에서 어느 소가 일을 더 잘하느냐고 물었다. 그러자 농부는 황희의 옷소매를 잡아당겨 소들이 보이지 않는 곳으로 데리고 가 누런 소가 검은 소보다 일을 더 잘한다고 귀엣말로 답하였다고 한다. 비록 사람의 말을 알아듣지 못하는 소들이라 할지라도 잘한다, 못한다 하고 함부로 흉을 보아서는 안 된다는 뜻이었을 것이다. 황희가 크게 깨달은 바가 있어 훗날 백성의 아버지로서, 뛰어난 재상으로서, 조선의 새 역사를 창조하는 데 기둥이 되었다는 말로써 세 선비의 청백리 이야기는 끝이 났다.

벌써 10년도 훨씬 전 얘기이니 모촌 선생은 이미 고인이 되셨다. 하지만 나는 지금까지 어떤 자리에서도 맛보지 못한 청백리에 대한 재미있고 명쾌하고 수준 높은 그 대화를 잊지 못한다. 80 노옹들의 반생애에 걸친 우정도 우정이지만, 네 분 모두 조선의 선비처럼 한결같이 청렴하고 청빈한 삶을 사셨다. 특히 모촌 선생의 선비다운 인품과 청백리적 삶의 자세는 후세의 우리가 표본으로 삼아도 부족함이 없다. 선생이 한 집안의 가장으로서 다니던 직장에서 정리되는 수모를 겪으면서도 청렴함과 강직함을 잃지 않았다는 것을 아는 사람은 다 안다.

오늘날에는 자고 나면 뇌물로 얼룩진 이야기요, 정권만 바뀌면 왜 그리도 많은 부패한 관리들이 드러나는지. 내가 은사이신 모촌 선생과 청백리를 그리워 마지않는 것도 그런 이유이다.

(2008)

사향思香

홀로 이런 자리가 얼마 만인지 모르겠습니다. 서랍에 넣어 둔 필터찻잔과 화개 작설차를 꺼내 놓습니다. 물을 끓여 더운 김을 뺀 다음 천천히 찻잎이 담긴 잔에 붓습니다. 뚜껑을 열어 놓은 채 찻잔 속 변화를 지켜봅니다. 세작細雀의 돌돌 말린 찻잎들이 하나둘 기지개를 켜기 시작합니다. 나뭇가지에서 새싹이 움트는 과정을 슬로비디오로 보는 듯 그 모습에 미소가 지어집니다.

차의 은은한 향이 벌써 코끝에 느껴집니다. 세상에서 가장 그윽하고 신비로운 향은 가장 좋은 차향인 배냇향이라는, 어느 책에서 본 초의艸衣 스님의 말이 생각납니다. 배냇향이란 갓난아기를 목욕시켰을 때 나는 바로 그 향이라지요? 그 정도까지는 아니라도 지금 나에게도 부드럽고 그윽한 향이 전해오는 듯합니다. 좋은 차는 열 번까지 우려 마신다고 했습니다. 차는 우릴 때마다 그 맛이 다른데, 선승들은 이것을 인생과 깨달음에 비유하기도 하였고, '텅 빈 곳에 어리는 향기로운 모양새[空卽是色], 그 모양새 속에 어려 있는 텅 빈 것[色卽是空], 우주의 원동력과 순리와 평등'을 가르친다고 했습니다.

그날, 하동의 '무향撫香' 찻집에서 그대가 차를 드는 모습은 너무나 자연스러웠습니다. 결가부좌로 찻잔을 든 자세도, 향을 음미하며 차를 목에 넘기는 모습도 고요하기만 했습니다. 찻집 주인과 나누는 차에 대한 대화는 또 얼마나 상식이 풍부하던지요. 아는 것이 거의 없는 나는 그저 옆에서 내 목의 찻물 넘어가는 소리에만 자꾸 신경이 쓰였습니다.

그래서인지 모르겠습니다. 바로 눈앞에서 살아있는 초의艸衣 스님을 보는 듯했습니다. 비단 차 때문만은 아닙니다. 15세 나이에 산문山門에 들어 이십대 중반의 젊은 나이에 깨달을 것을 다 깨달았다는 초의. 그분은 시, 글씨, 그림에 모두 능한 삼절三絕일 뿐만 아니라, 범패와 탱화와 단청과 바라춤까지 잘하는 팔방미인이었다지요. 그날 그대도 경전에 대한 깊이 있는 이해, 그 초연함, 차는 물론 시, 음악, 미술에 이르기까지 어느 한 가지도 막힘이 없었습니다. 초의 스님이 달을 통해 그림자와 그것을 만드는 실체, 이 둘을 세상에 있게 한 진짜 주인을 찾는 과정과 그대가 진리를 상징하는 불교의 달을 별명別名에 넣은 것이 단지 우연일까요? 불교에서의 달은 '진여(진리)'를 상징한다고 그대가 말했잖아요.

강산이 한 번 변하고 넘는 세월이었습니다. 우리가 옷깃만 스친 인연을 가진 이후 다시 만나기까지 걸린 시간이 말입니다. 연초年初에 날아든 소식을 받고 당황했던 일이 어제 일인 듯 생생합니다. 10년 넘게 돌부처만 같았던 그대가 어인 일로 다 전보를 보내왔었지요. 그날부터 시작하여 그대를 만나러 300리 밖의 길을 나설 때까지, 긴장되고 설레던 마음은 일일이 열거하지 않으렵니다.

산 아래까지 마중을 나와 있던 그대가 내 차를 알아보고 다가왔습니다. 볼이 들어가고 수염까지 적당히 자라 약간 초췌해 보이던 그 모습이 지금도 눈에 선합니다. 지난 세월 '거의 정지된 듯 느린 속도로 맑은 물 흐르는 골짜기 드러난 돌들을 옮겨 디디며 내면內面으로만 걸어 들어가고 싶다.'던 그대였습니다. 그랬던 그대가 마침내 어디에도 걸림이 없는 대자유인이 되어 거리낌없이 나와 함께 섬진강 가에 섰습니다. 15년 수행 동안 이루어낸 것이라고 믿기엔 너무나 넓고 깊은 경지, 형형한 눈빛, 거침없이 써 내리는 시의 힘……. 처음부터 내가 사람 하나는 제대로 보았던 것입니다.

외모는 물론이고 먹는 것 입는 것까지 천생 산山 사람이던 그대였습니다. 자극적인 양념이 들어간 음식을 들지 못하는 것이며, 순면 옷이 아니면 알레르기가 일 만큼 그곳 생활이 완전히 체질화되어 있는 사람을 지켜보며 왜 그리 내 가슴이 자꾸 아릿하던지요.

수년 전 내게 지어 보내준 필명筆名에 담긴 뜻을 처음 얘기해 준 것은 이른 점심을 들고 난 다음이었습니다. 어디에서 착안한 것인지 말을 하지는 않았지만, 노자의 '상선약수上善若水'에 버금가는 좋은 의미는 모두 담고 있었습니다. 당시 서른을 갓 넘겼던 젊은 사문沙門이 물이 지닌 철학을 그 정도로 꿰뚫고 있었다니, 바로 내 옆에 있는 그대는 다산茶山과 독대하여 전혀 처짐이 없던 젊은 초의 스님의 바로 그 모습이었습니다.

자신에게도 남에게도 엄격한 것 같지만 따뜻한 천성이 어디 갈까요. 몸이 불편한 나에게 지팡이를 만들어 주고 경전책을 보내주고 필명을 지어주고 하였듯, 그날도 생활은 어떻게 하고 있느냐, 걷는 것에 어려움은 없느냐, 더 아픈 곳은 없느냐……, 이것저것 물어왔습니다. 인도와 네팔 성지순례를 다녀왔다며 옴마니반메훔이 새겨진 목걸이를 건넬 때는 왈칵 눈물이 솟았습니다.

섬진강가 은모래 백사장에서는 이런 우리를 시샘하듯 바람이 몹시도 불었습니다. 이에 아랑곳하지 않고 그대는 강물 속으로 모래가 흘러가고 하늘의 구름이 흐르는 것을 보여주고 싶었나 봅니다. 백사장에 내려가 보겠느냐며 나에게 기꺼이 팔 한쪽을 빌려주었습니다. 이때쯤 내가 섬진강의 발원지가 어디에 있는지 아느냐고 물었던 것 같습니다. 바로 내 고향에 있다는 것을 자랑하고 싶었던

거지요. 그런 나에게 그대는 무어라 하였던가요.

"섬진강의 발원지는 어디 멀리 있는 게 아니에요. 내 안에, 바로 당신 안에 있어요."

단호함까지 느껴지던 선승禪僧다운 대꾸에 내가 더 이상 무슨 말을 할 수 있었겠어요.

그리고는 차에 돌아와 말없이 무엇인가를 써 내리는 것이었습니다. 그게 나를 위해 쓴 시라는 것은 10분쯤 후에 알았습니다. 역시 아무 말 없이 건네주는 시를 받아든 순간 숨이 멎는 듯, 목이 메어왔습니다. 아까 섬진강 발원지를 물은 것에 대한 대답이면서 그대의 내면이 깊이 담겨 있었으니까요. 누가 뭐라 해도 그대는 또 한 사람 섬진강 시인이었으며 시는 선시禪詩 그 자체였습니다. 시종일관 차분하고 담담했던 그대 가슴속 어디에서 그런 시가 나왔을까요.

그러나 하루해는 너무나 짧았습니다. 다시 만날 날을 기약할 수 없는 헤어짐은 나를 슬프게 했습니다. 그런 내 마음 다 안다는 듯 그대는 차가 모퉁이로 사라질 때까지 오랫동안 지켜보고 있었지요. 솔직히 그대는 나에게 너무 벅찬 상대입니다. 마지막에 내가 어두운 표정을 보였던 까닭은 비단 헤어지는 아쉬움 때문만은 아니었답니다. 그대가 끊임없는 정진으로 참자유를 얻은 동안, 그렇게 큰 그릇이 되어 있을 동안 나는 그저 나이만 먹었다는 부끄러움, 그것이 너무나 미안했습니다.

벌써 차를 열 잔 가까이 마신 것 같습니다. 차 맛을 제대로 아는 그대는 이 단계에서 '사바세상과 아미타세상을 넘나드는 맛'을 경험하겠지요. 맛도 향도 제대로 분별할 줄 모르는 나는 그저 또 한 모금 입에 담고 헤어지기 전 그대가 남기고 간 화두를 생각합니다. '연꽃 속의 보석'이 무엇을 뜻하는지 생각해 보라 하였나요? 알아보니 연꽃 속의 보석이란 옴마니반메훔 즉, 온 우주에 충만해 있는 부처님의 지혜와 자비를 의미하는 것 같더군요. 차를 마치 보리차 마시듯 하는 나와, 다선일체茶禪一切 · 다선일미茶禪一味 · 다선삼매茶禪三昧의 경지에 이미 이른 듯한 그대와, 그만큼이나 격이 다르고 간격이 큰 우리 사이 아닙니까. 이 정도로 어쭙잖은 답이나 되지 않았는지 모르겠습니다.

먹물 옷이 너무나 잘 어울리는 당신. 한곳에 오래 머물지 않는 그대는 지금 어디쯤 만행萬行의 길을 가고 있을까요. 이번에는 또 어떤 한 소식을 가슴에 품었을지, 그 길에 마음이라도 동행을 하고 싶어집니다.

원래 차는 혼자 마시는 것이 가장 신명나게 마시는 것이라 하더군요. 지금 내 방안에도 차의 향이 가득 고인 듯하고 어디에 둘 줄 모르던 마음도 많이 가라앉았습니다. 언제부턴가 나에게 차는 곧 그대의 향기입니다. 그 유명한 지리산 야생차를 여러 잔 마셨기에 오늘 밤을 뜬눈으로 지새운다 해도 좋습니다. 그때 섬진강 길을 따라 함께 나눈 얘기를 생각하겠습니다. 그대와 내가 같이 좋아하는 박범훈과 황병기의 음악을 들으며, 그대가 쓴 시와 그대가 준 책들을 읽겠습니다.

(2004)

백구 엄마

일요일 오전 우연히 TV에서 〈동물농장〉을 보게 되었다. 이번 주 선보인 동물은 모두 4마리였는데, 운동 천재 일본 개의 개인기나 견공계의 얼짱이 짝 찾는 이야기도 흥미로웠지만, 내가 끝까지 채널을 돌리지 않고 본 이유는 고양이 '미래' 때문이다.

'미래'는 뇌성마비 고양이다. 30초에 한 번씩 넘어진다. 넘어지고 또 넘어져도 진아만 있으면 행복하다. 이 집에 올 때만 해도 일어서지 못했다는 미래. 이제는 조금씩 움직일 수 있게 되었지만, 자기 의지와 상관없이 온몸이 제멋대로 움직이는 상태다. 그런 미래가 유난히 따르는 사람이 있는데 바로 이 집의 딸 15세 진아다. 여러 번 파양罷養의 아픔을 겪었던 장애 고양이를 진아가 데려와 엄마처럼 돌봐준 덕분에 미래의 상태는 놀라울 정도로 호전되었다.

진아가 돌아오는 인기척이 느껴지면 넘어지고 뒹굴면서도 필사적으로 달려가는 미래를 보노라면 가슴이 뭉클해진다.

그동안 이웃에서 애완동물을 키우는 것은 종종 보아왔다. TV를 통해 유기견 유기묘의 대모 이야기도 여러 번 보았다. 그러나 나는 단 한 번도 집 안에서 동물을 길러보고 싶다는 생각을 해본 적이 없다. 심지어 수십 마리씩 유기견이나 유기고양이를 돌보는 사람들(주로 여성)을 보면 비정상적인 사람으로 보기도 했다. 그런데 '미래' 이야기는 이런 나의 잘못된 생각을 완전히 바꾸어 주었다.

내 친구 중에도 유기견과 유기고양이들의 대모代母가 있다. 40대 중반의 조금 늦은 나이에 먼 경상도 땅으로 시집을 간 친구가 어느 날부터 개와 고양이들을 돌보고 있다는 얘기가 들린다. 그래봤자 몇 마리겠지 했더니 그게 아니다. 합해서 무려 40~50마리나 된다고 한다. 진돗개 백구만 빼고 모두 유기견이거나 유기고양이들이다. 친구와 친구 남편은 이 동물들을 자식 기르듯 하는 것 같다. 한 마리 한 마리에 이름도 지어주었다는데 백구, 쫑구……. 처음에는 구자 돌림으로 지었다가, 방울이, 예쁜이, 초롱이……. 생김새나 행동을 보고 지었다고 한다. 방울이는 처음 올 때 방울을 달고 왔다고 해서, 예쁜이는 애교가 많아서, 초롱이는 눈망울이 초롱초롱해서, 고양이들도 꽃님이, 꽃송이……. 참으로 예쁘고 사랑스러운 이름이다. 이름만 들어도 부부가 이들 동물에 얼마나 애정을 쏟고 있는지 알 것 같다.

친구 부부는 개와 고양이들이 편안하게 생활할 수 있도록 베란다와 마당 곳곳에 깔판과 전기장판과 이불까지 갖춘 녀석들만의 환경을 만들어 놓고 있다고 한다. 새끼 낳으면 그에 따르는 번거로운 일 다 하고 여름에는 선풍기도 돌려주고 하루 목욕을 2번씩 시켜주기도 한다. 지난 여름처럼 폭염이 심할 때는 아예 에어컨 바람이 있는 거실에서 함께 생활한다는 말을 들었다.

어미한테는 사료나 생선부산물 같은 먹이를, 새끼들한테는 통조림, 우유, 계란 같은 부드러운 먹이를, 밥을 해도 한 솥씩 해야 한다. 부부가 같이 양동이를 들고 장마다 생선부산물을 얻으러 다니는데, 어느 생선가게 주인은 아예 냉동실에 얼려두었다 챙겨주기까지 한다나. 개와 고양이에게 들어가는 비용만 해도 한 달에 50만원은 족히 들 것이라는 말에 나는 아예 할 말을 잃고 만다.

친구네 개와 고양이 식구의 맏이는 백구이다. 결혼 전 서울에서 직장에 다닐 때, 젖도 다 안 뗀 어린 진돗개를 호주머니에 넣고 다니며 키웠다고 들었다. 그 백구가 벌써 일곱 살이 되었는데 서열이 있어 나머지 동물들은 이 백구를 따르며 싸우지도 않고 잘 지낸다고 한다. 온종일 애들 밥 주고 치우고 목욕시키느라 농사짓는 사람보다 더 바쁘지만 '아가'들이 얼마나 사랑스럽고 애교가 넘치는지 피곤을 잊는단다. 그리고 이웃들은 이런 친구를 아예 '백구 엄마'라고 부른다는 얘기다.

새끼 한 마리도 분양하지 않을 만큼 동물 사랑이 끔찍한 내 친구. 어린것들을 엄마와 떨어져 살게 할 수는 없지 않느냐고 하는데, 진짜 동물을 사랑하는 사람이 아니면 할 수 없는 말 같다. 방울이, 쫑구, 초롱이, 꽃님이, 꽃송이……. 스마트폰 사진으로만 보아도 정말 사랑스럽고, 가히 '세상에 이런 일이' 감이다.

얼마 전까지만 해도 집에서 기르는 동물을 애완동물이라고 했다. 그런데 언제부턴가 애완동물 대신 반려동물이란 용어를 쓴다. 애완동물이 '사랑하고 좋아하여 가까이 두고 귀여워하며 기르는 동물'의 뜻이라면 반려동물은 '사람에게 기쁨과 위안 등 여러 혜택을 주는 생명체로서의 더불어 살아간다는 의미'라고 한다. 내가 생각해도 장난감처럼 가지고 놀다 버릴 수 있는 애완동물보다는 인생을 함께한다는 의미의 반려동물이 듣기에 더 좋다.

미래와 진아를 통해, 백구 엄마와 식구들을 통해 동물도 사람과 저렇게나 교감을 나누고 서로에게 의지가 되고 위로가 되고 기쁨이 된다는 것을 알았다. 나중에 시간의 여유가 생기면 나도 강아지든 고양이든 앵무새든 한 마리쯤 길러보고 싶다. 너무 멀어 아직 가보진 못했지만 조만간 친구네의 방울이, 초롱이, 꽃님이도 꼭 가서 만나볼 생각이다.

(2011)

영혼의 노래

ㅇ 선생이 하루는 전통음악 '구음 살풀이'에 대해 물어왔다. 어느 방송에서 처음 들었는데, 가슴을 파고드는 애절하면서도 영혼을 어루만지는 음악이었다며 음반을 구해주었으면 하는 부탁을 했다. 이분이 우리 음악에 관심이 있는 줄은 모르고 있었던 터라 한편 놀랍고 한편 반가운 마음이 들어 기꺼이 알아보고 구해주겠다고 약속했다.

구음 살풀이란 구음 시나위와 같은 뜻으로 살풀이춤을 출 때 시나위 반주에 얹어 소리하는 구음을 말한다. 구음口音을 다른 말로 입타령이라고도 하는데, 지난 봄 전주대사습놀이에서 어느 춤꾼이 추는 살풀이춤에 김수연 명창이 이 구음을 더하는 것을 보았다. 사실 나도 이런 류의 음악은 국악방송을 통해서나 들어보았지 직접

들은 것은 그때가 처음이었다. 춤꾼이 무대에 등장하자 여러 악기가 어우러진 시나위 가락이 연주되는가 싶었는데 어디선가 육성이 들려오는 것이었다. 처음에는 귀를 의심했다. 그런데 가만히 보니 저만치 마이크를 잡고 선 사람이 있었다. 특별한 가사는 없이 흥얼흥얼 소리꾼이 내는 구음이 춤꾼의 살풀이춤에 슬픔을 더하기도 빼기도 하며 효과를 더해주었다. 나도 그때 이 음악의 애절함에 가슴이 젖어들었던 기억이 있다.

'구음 살풀이'에서 '구음口音'은 거문고, 가야금, 피리, 대금 등 악기에서 울려나오는 특징적인 음을 악기 소리에 가깝도록 흉내 낸 육성肉聲을 말한다. 우리 전통음악의 특징과 변화를 가장 잘 나타내는 음악이 바로 구음이다. 감정이 풍부한 우리 민족은 말로써 다 표현할 수 없는 복받치는 감정을 그저 흥얼거리는 구음으로 발산했던 것이다. '살풀이'는 살풀이 춤 자체를 뜻하기도 하지만, 일반적으로 살풀이춤을 출 때 연주하는 시나위 장단을 말한다. 말하자면 구음 살풀이란 육자배기 토리 허튼가락으로 연주하는 기악합주에 구음이 추가된 음악, 여기에 슬픈 듯 처절한 듯 하면서도 따뜻하며 신비스런 세계가 있다.

춤꾼들은 구음 잘하는 이의 소리에 맞춰 춤 한번 추는 것이 소원이라고 한다. 그만큼 구음은 개인의 역량이 절대적으로 작용하는 즉흥 소리라는 뜻일 것이다. 한에 절은 소리 같으면서도 자유분방

하고 인간 내면의 깊은 맛이 살아있는, 구수하면서도 묵은 맛이 나는……. 오죽하면 강산 제일의 구음을 구사한다는 김수악 선생 같은 이가 소리를 하면 '헛간의 도리깨도 춤을 춘다.'고 하였을까.

내친 김에 검색을 해보니 인터넷 서점에 비슷한 제목의 CD가 여러 장 올라 있다. 하나를 골라 맛보기 듣기를 해보았다. 전에 소리 마당에서 명창의 육성으로 들었던 그 음악이 맞다. 춤 없이 음악만 들어도 구음 살풀이, 구음 시나위의 맛을 충분히 느낄 수 있겠다. 이 음악이 단지 춤의 반주음악에만 머무르지 않고 연주곡의 장르로까지 발전하여 대중화되고 있는 것을 이번 기회에 새롭게 알게 되었다. 망설임 없이 두 장의 CD를 주문했다.

> "아_ _아－아 ―, 던지던지_ _ 뜨띠 띠―어~ 으~
> 너너느니―지우지우―지~"

나는 지금 배달되어 온 안숙선 명창의 구음을 듣고 있다. 역시나 혼을 다하여 부르는 노래라서 그런가. 영혼의 밑바닥까지 어루만지며 더 깊고 깊은 세계로 나를 이끌어간다. 한 장단 한 소리 놓치지 않고 들어, 종자기種子期가 백아伯牙의 거문고 소리를 알았듯, ㅇ 선생도 이 음반을 계기로 구음口音의 깊은 맛을 제대로 헤아리는 지음知音의 경지까지 이르게 되기를 바라는 마음이다.

(2004)

제비

제비가 강남으로 돌아간다는 중양절은 음력 9월 9일이다. 하지만 내 친구 제비는 10월 초하룻날 강남으로 갔다.

점심시간이었다. 양치질을 마치고 핸드백을 열었을 때, 휴대전화에 한 초등학교 친구 이름이 여러 번 찍혀 있었다. 반가움보다는 불길한 예감이 들었다. 무슨 다급한 일이 아니고서야 내가 통화가 어려운 오전 시간에 다섯 번이나 전화를 할 친구가 아니다. 곧장 전화를 걸어 보았다. 그리고 친구 인식이가 새벽에 교통사고를 당해 하늘로 갔다는 뜻밖의 소식을 들었다.

대형 트럭을 운전하는 친구는 그날 새벽 소형차를 가지고 차고지로 이동하는 중이었다고 한다. 사고가 난 도로는 평소에 차가 많이 다니는 길이기는 하지만 새벽 4시 무렵이었으니 차량통행이 많지는 않은 시간이었다. 차고지를 불과 500~600m 남겨두고 일어난 사태 −중앙선을 넘어 달려오던 여성 운전자는 술이 취한 상태로 졸음운전을 하였다는데, 친구는 그 차와 정면으로 부딪혀 그 자리에서 목숨을 잃었다. 피해자도 가해자도 모두 목숨을 잃은 끔찍한 사고였다.

오후 수업을 어떻게 하였는지 모르게 마쳤다. 여기저기 친구들에게 전화를 해보았다. 안타깝고 어처구니없기는 친구들도 같은 마음이었다. 좋은 친구 하나를 잃었다는 슬픔이 모두의 말을 잊게 했다.

인식이는 내 고향 친구이다. 산촌의 작은 마을에서 뒷집에 친구네가 살았고 앞집에 우리 집이 있었다. 친구와 나는 자연 초등학교와 중학교를 같이 다녔다. 나보다 더 가난한 집안의 7남매 중 다섯째인 친구는 중학교 다닐 때 어머니까지 돌아가셨다. 더 이상의 상급학교 진학은 꿈도 꿀 수 없었다.

중학교를 졸업한 친구는 바로 서울로 올라갔다. 이런저런 험한 일을 하다 운전을 배우기 시작하여 결혼하기 전부터는 트럭을 몰았다. 명절에 고향에 가면 대형 트럭을 몰고 온 친구를 만날 수 있었다. 좁은 골목까지 끌고 들어온 트럭을 돌리지 못해 애를 먹거나 비탈길을 오르지 못할 때 동네 사람들이 힘을 모아 친구의 차를 밀어주던 모습이 눈에 선하다. 그때부터 평생을 트럭과 함께한 삶이었다.

친구의 다른 이름은 제비이다. 바람둥이 제비의 뜻이 아니다. 봄의 대표적인 새인 제비가 벌레를 잡기 위해 들판을 낮게 비행을 하듯, 두 팔을 벌리고 원을 그리듯 달리는 모습이 제비 같다고 하여 초등학교 다닐 때 친구들이 붙여 주었다. 인식이는 걷기보다 달리기를 좋아했다. 그냥 달리지 않고 꼭 제비처럼 두 날개를 펴고 좌로 우로 기우뚱한 동작을 하며 달렸다.

돌이켜보면 제비라는 별명은 친구에게 썩 잘 어울렸다. 제비처럼 인정 많고 마음 따뜻하고 의리가 있는 친구였으니까. 제비가 길조吉鳥요 익조益鳥요 희조喜鳥이듯, 내 친구 제비도 친구들 사이에 분위기메이커였다. 도움을 주었으면 주었지 누구에게도 해를 끼치는 친구가 아니었으며, 강남 갔던 제비가 박씨를 물고 봄에 오듯, 불쑥불쑥 전화를 걸어 반가움을 안겨주던 친구다. 아직도 친구들은 인식이를 부를 때 '제비야!' 하지 '인식아!' 하지 않는다. 더구나 인식이는 내 뒷집에 살아서 한동네 남자친구 중 누구보다도 스스럼없는 친구였다. 초등학교 때 삘기 뽑느라 맡긴 내 책보 심부름도 기꺼이 하던 성격 무던한 친구였다.

얼마 전까지만 해도 가끔씩 전화를 걸어서는 "오빠다!" 하고 반가움을 표시하던 친구. 내가 "오빠는 무슨?" 하고 딴지를 걸면 허허허 사람 좋게 웃어넘기던 내 친구. 영정사진 속 인식이가 금방이라도 "오빠다!" 하며 허허 웃을 것만 같았다.

친구가 사고를 당한 자리는 내가 아침저녁으로 출퇴근을 하는 전주 동부도로의 동산역 부근이다. 사고 당일에는 몰랐는데, 다음 날 보니 그 지점 도로변에 흰 국화꽃 다발이 걸려 있다. 사고 흔적과 꽃을 볼 때마다 마음이 아리다.

오늘은 삼우제 날이다. 새로운 국화꽃 바구니가 걸렸다. 아마도 식구들이 급작스레 떠난 남편과 아버지, 오빠와 동생을 잊지 못하여 걸어 둔 것이리라. 친구는 가족 사랑이 남달랐다고 들었다. 특히 두 아들에 대한 사랑이 끔찍하여 장성한 두 아들을 아직도 물고 빨고 보듬고 뒹굴고 했다고 한다. 토요일에는 두 아들과 함께하기 위해 핸드폰도 꺼 놓고 지낼 정도였다고 하니 오죽했으랴. 그렇게 사랑하는 가족을 두고 친구의 발길이 어찌 떨어졌을까. 사고 지점을 지나칠 때마다 그래서 더 가슴이 아프고 좋은 곳으로 가기를 마음속으로 빌고 또 빌고 있다.

제비는 겨울에 강남으로 갔다가 봄이 되면 다시 전에 살던 곳으로 돌아온다. 내 친구 제비가 잠깐 따뜻한 강남에 갔다면 얼마나 좋을까. 내년 봄 삼짇날에 또 불쑥 전화로 "오빠다!" 하며 너스레를 떨어오면, "그래. 이제부턴 네가 오빠 해." 하며 지금까지 한 번도 양보하지 않은 누나 자리를 기꺼이 내줄 텐데 말이다.

(2009)

꽃신

고 이성례 권사 추모시詩

月山 김기동

불혹不惑에 뿌리를 내리고
미수米壽에 영광을 받으니
하늘에서는 천사들이
땅에서는 자손들이 박수를 보낸다.
주님의 약속이 길이 되어
짐을 벗어놓고 가는 마음
구름보다 가볍고
바람보다 후련하다.
한평생 주의 제단에 쌓은 기도
다 이루어지리이다.

2009년 1월 4일, 첫 주 성일에

기다리고 기다리던 겨울방학이다. 제일 먼저 예약되어 있는 병원부터 오가며 검사를 받고 사진을 찍고 필요하면 치료도 해야한다. 교단에 선 이후 더욱 심해진 호흡기질환이 학기중에는 치료가 쉽지 않아 미루어 두었던 일이다.

어머니를 뵈러 가는 일은 이런 급한 일들을 마친 다음에 하려고 했다. 어머니는 방학 전부터 전화를 하셨다. 거의 날마다 방학이 언제 시작되느냐 물으시고, 방학을 한 이후에는 서울에 언제 오느냐 물으셨다. 그때마다 흡족한 대답을 못 드렸다. 병원 예약 날짜가 지난 이후에 가겠다는 말씀만 드릴 수 있었다.

새해 첫날 아침, 어머니께 전화를 드렸다. 새해에는 아프지 말고, 식사 잘하고, 잠도 잘 주무시라고 덕담을 드리자 "아멘!" 하며 흡족해 하셨다. 어머니는 매우 만족스럽거나 기분이 좋을 때 언제나 '아멘!' 하며 좋아하신다. 언제 올 거냐고 다시 물으시기에 검사가 끝나는 1월 6일이 지나 모시러 가겠다는 약속을 드렸다. 언제 올 거냐는 그 물음은 내가 보고 싶어 하는 말씀이기도 하지만, 방학 동안 전주 우리 집에서 함께 지내고 싶은 마음임을 내가 알기 때문이다.

1월 3일 토요일, 그날은 그동안 써 놓은 글들을 들여다보며 온종일 컴퓨터 앞에 앉아 지냈다. 그런데 저녁 7시가 조금 지나 동생한테서 전화가 왔다. 어머니가 돌아가실 것 같으니 마음의 준비를 하라는 서울 오빠의 기별이 왔다는 것이었다. 가슴이 철렁 내려앉았다. 이렇게 금방 가실 분이 아닌데, 그렇게도 나를 기다리던 어머니셨는데……. 입이 바싹 타고 가슴이 마구 두근거렸다. 10분도 못 되어 다시 전화가 왔다. 7시 15분 어머니께서 끝내 돌아가셨다고 한다. 어머니는 가실 날을 받아두고 계셨는데, 못난 나는 언제나 내 일이 우선이었으니……, 방학 하자마자 달려가 모셔오지 못한 것이 땅을 칠 만큼 후회가 되었다.

전주에 사는 남매들이 같이 서둘러 서울로 출발했다. 새벽 1시쯤 신촌의 장례식장에 도착했다. 어머니께서 저녁 잘 들고 마지막으로 물을 드시다 돌아가셨다는 작은오빠 가족의 말을 들었다. 어머니는 평소에도 늘 자식들에게 당신은 저녁밥 잘 먹고 잠자듯이 가고 싶으니 그렇게 기도해 달라 당부하셨고, 당신도 늘 그렇게 기도하셨다. 기도 그대로 편안하게 가신 것 같다.

모든 어머니의 삶이 그렇듯 나의 어머니도 일평생 자식들을 위한 희생의 삶을 사셨다. 가난한 전씨 집안에 시집 와 육 남매 반듯하게 기르고, 신앙으로 가정의 중심을 지키셨다. 특히 어머니의 반석 같은 믿음의 생활은 많은 이들의 귀감이 되었다.

생의 마지막을 향한 어머니의 기도는 그대로 살아계신 하나님이 응답하셨다. 잠자듯 편히 잠드신 어머니 모습에서 어머니 소원대로 더 이상 고통도 슬픔도 없는 낙원에 드신 것을 확신할 수 있었다.

장례는 4일장으로 치렀다. 토요일 저녁에 돌아가신 데다 고향이 아닌 서울에서 치르게 되었기 때문이다. 1년 중 가장 춥다는 소한小寒 추위는 어디 가고 첫날부터 거짓말처럼 날씨가 포근했다. 돌아가신 분의 성품을 날씨가 말해준다고 했다.

돌아가신 다음 날 입관入棺 의식을 치렀다. 어머니와 작은오빠 가족이 다니는 교회 장로님이 직접 모든 절차를 맡아서 해주셨다. 수의壽衣는 대부분 어머니께서 직접 길쌈하여 마련해 놓은 것을 입혀드리고, 삼베 꽃신도 신겨 드렸다. 마지막에 화장을 해드렸다. 고우셨다. 꽃신 신고 화장한 어머니의 모습은 살아계셨을 때는 한 번도 보지 못한 모습이다. 아버지 먼저 가시고 혼자 되신 어머니는 크고 작은 병마에 시달리며 오로지 자식들을 위한 기도의 삶을 사셨다. 이제부터는 저 꽃신 신고 고통 없는 낙원을 거닐며 언제나 우리들을 지켜보고 계실 것이다.

어머니를 고향 선영에 모시는 날도 마치 봄 날씨 같았다. 마을 사람들까지 모두 나와 아쉬워하며 아버지 곁에 어머니를 모셨다. 100세까지 사신들 슬프지 않을까만, 미수米壽에 영면永眠하신 어머니를 자식들은 편안하게 보내드릴 수 있었다.

(2009)

첫사랑

가지고 있는 오래된 음악테이프 중에 고려 가요와 향가 모음집이 있다. 국악실내악단 '어울림'이 연주하는 창작곡들이다. 〈정읍사〉, 〈어부사시사〉, 〈제망매가〉 같은 눈에 익숙한 옛 시가에 곡을 붙이고 전문 국악인이 노래를 했다. 차에 가지고 다니며 듣는 즐거움이 있으며 덕분에 어려운 고어古語를 머리에 저장하는 덕도 크게 보고 있다.

여기 실린 곡이 모두 좋지만 특히 〈쌍화점〉이란 노래는 들을 때마다 웃음을 자아낸다. 재미있는 가사, 흥이 실린 리듬, 가락이 흐를 때마다 고갯짓이나 무릎장단이 절로 인다. 고려 충렬왕 때의 가요로 전해지는 이 노래는 본래 궁중악의 하나로 상연되던 가극의 대본이었다고 한다. 모두 4절로 되어 있으며 당시의 퇴폐적인 성

윤리가 잘 나타나 있는 노래로 유명하다. 유창한 운율과 봉건 시대의 금기이던 왕궁을 우물로, 제왕을 용으로 표현한 점 등 기교도 뛰어나다.

쌍화점雙花店이란 호떡이나 만두를 파는 가게를 말한다. 한 여인이 어느 날 만두를 사러 갔다가 몽고인 남자에게 손목을 잡히고 말았다. '이 소문이 가게 밖에 들고 나면 어린 점원 네 짓이겠지만, 그렇거나 말거나 나는 그 자는 곳에 가겠노라.'는 꽤 대담하고 직설적인 가사이다. 2절은 삼장사三藏寺에 불을 켜러 갔다가 그 절 주지에게 손목을 잡히는 내용이, 3절은 두레우물(궁궐)에 물을 길러 갔다가 우물의 용(임금)에게 손목을 잡히고 만다는 내용이 담겨 있다. 만약 소문이 나면 어린 상좌가, 두레박이 퍼뜨린 소문이리라 하면서도 거칠 것이 없다. 노래의 가사로 보아 등장인물들이 청춘남녀는 아니지 싶다.

쌍화점 류의 노래를 흔히 '남녀상열지사男女相悅之詞'로 분류한다. 〈처용가〉, 〈정읍사〉, 〈만전춘〉, 〈이상곡〉, 〈서경별곡〉 등이 여기에 해당한다. 조선시대 유학자들은 고려의 속요 중 이런 노래를 음사淫辭로 배척하여 폐기하거나 다른 가사로 대체하여 부르게 하였다. 이런 이유로 더 이상 속요가 창작되지 않았고, 경기체가와 시조에 밀려 이런 류의 노래는 기반을 거의 상실했다.

몇 년 전 인기를 끌었던 영화 〈스캔들〉의 부제목이 '조선남녀상열지사'이다. 억압된 성문화 속에서 위험한 유희를 즐기는 양반들의 이야기이다. 겉으로는 세도가의 정부인으로 살아가며 남자들을 유혹하는 조씨 부인, 과거에 급제하였으나 관직을 마다한 채 뭇 여인에 탐닉하는 이단아 조원, 사촌 간이면서 첫사랑의 관계인 이 두 사람은 9년간 수절하여 열녀문까지 하사받은 숙부인 정씨를 무너뜨리기로 작당한다. 하지만 원래 의도했던 것과 달리 조원은 숙부인을 진심으로 사랑하게 되고, 이로 인해 조원도 조씨 부인도 숙부인도 모두 파멸에 이르게 된다.

조선 말 일부 상류층의 성 풍속과 사랑을 그리고 있는 영화라 해서 조선남녀상열지사이다. 양반으로 자처하는 조선 사대부들이 만든 도덕적 굴레에 스스로 갇히고 마는 경우라 할까. 누구나 알고 있고 누구나 행하지만 아무도 입 밖에 내어 말하지 않는 것, 은밀하게 마음속에 그림 속에 병풍 뒤에 숨겨두는 성과 사랑, 영화에서는 그것을 감정의 가감이나 과장 없이 과감하게 묘사하고 있다.

'술은 입으로 들어오고 사랑은 눈으로 들어온다.'는 어느 시인의 말처럼, 원래 사랑은 첫눈에 반하는 경우가 많다. '모든 사랑은 첫사랑이다.'고도 했다. 당시에는 정상적인 사랑으로 보지는 않았으나, 어쨌거나 만두 가게에서 절집에서 우물가에서 여자가 남자에게 은근슬쩍 손목을 허락한 것이나, 조원과 숙부인 정씨가 처음 의도와 달리 그토록 애틋한 감정을 키울 수 있었던 것도 사랑이 눈으로 들어왔기 때문일 터이다.

다시는 사랑같은 건 하지 않겠다던 내 친구가 지금 다시 사랑을 앓고 있다. 첫눈에 '이 사람이라면…' 하는 느낌이 왔다고 하는데, 〈스캔들〉의 숙부인 정씨처럼 은밀하게 숨어서 하는 사랑이다. 행여 정숙하지 않은 여자로 비쳐지지는 않을까 늘 조심스러워하면서도 친구가 남자 이야기를 할 때면 두 볼에 언제나 복숭아꽃이 핀다.

그런데 어찌된 일인지 모르겠다. 세월만 보내지 두 사람 사이에 이렇다 할 진전이 없다. 과거의 일을 가지고 옥신각신하기도 한다는 말을 들을 때는 지켜보는 내가 다 안타깝다. 〈쌍화점〉의 노래를 크게 틀어 들려주고 싶다.

중년의 사랑은 로미오와 줄리엣 같은 청춘의 풋풋한 사랑은 아니다. 그렇다고 더 이상 상대의 과거에 얽매여 망설이며 앞으로 나아가지 못하거나, 남의 시선이 그렇게까지 중요하지는 않을 것 같다. 에쿠니 가오리의 시에서 보듯, 지금 당신이 사랑하는 사람은 지난날 다른 사람을 사랑했던 그 남자(그 여자)가 아닌, 당신과 처음 눈을 맞추고 마음을 열고 당신과 처음 입을 맞춘 사람이다. 당신을 처음으로 사랑하는 사람이다. 그러기에 모든 사랑은 첫사랑이다.

부디 친구의 '첫사랑'이 지나가는 한 차례의 폭풍이 아니기를 바라는 마음이다.

(2006)

한 소년이 있었네

선생의 손에도 휴대전화가 들려 있기는 하다. 최신 스마트폰은 아니고 단순히 전화만 걸고 받을 수 있는 아날로그식 손전화기이다. 이 전화기로 전화를 주고받을 줄만 알지, 문자를 쓸 줄도 도착한 문자를 열어 볼 줄도 모르는 사람이 바로 선생이다. 그러니 스마트한 전화기 사용은 선생에게는 딴 세상 이야기나 다름없다. 내가 알기로 선생은 아직까지 컴퓨터와 인터넷도 할 줄을 모른다.

이런 선생의 자동차 운전 실력 또한 어느 정도일지 짐작이 가리라. 오래 전 선생이 운전하는 차를 타본 적이 있었다. 곡선과 직선도 구분 못하는 운전 실력이 불안하여 함께 탔던 일행 모두 손에 땀이 났던 기억이 있다. 그런 선생은 이제 그나마 아예 운전을 접은 것 같다. 이렇게 말하면 선생이 80세도 넘은 상노인이겠거니 생각할지도 모르겠다. 하지만 아니다. 아직 60대 중반의 '꽃중년'이다. 이런 선생이 할 수 있는 것이라고는 오로지 시 쓰는 일뿐이다.

선생을 처음 알게 된 것은 내 첫 수필집을 내고 난 무렵이었다. 수필집을 선보였다고는 하나 서울에 살다 전주로 내려온 지 얼마 되지 않아 나는 이 지역 문학모임에 나가도 혼자 서먹서먹하기 일쑤였다. 이런 내가 어떤 계기로 전북수필 편집 일에 동참을 하게 되었는데, 처음 참가한 날 선생도 그 자리에 있었다. 선생에 대한 첫인상은 구수한 막걸리 스타일에다 풍류가 느껴지는 전라도 사람 꼭 그 느낌이었다.

그 자리에서 선생이 폐간 위기에 놓인 모 종합문예지를 인수했다는 말을 들었다. 그런데 편집회의를 마치고 나오는 내게 선생이 이 문예지 발간 과정에 함께해 주었으면 하는 제의를 해왔다. 한 번밖에 보지 않은 나에게 선뜻 그런 제의를 한 선생이 고맙기는 했지만 흔쾌히 대답을 하진 못했다. 내가 그만한 역량이 있는 것도 아니고, 함께 일하다 괜히 사이만 나빠지면 어쩌나 하는 조심스런 생각이 든 때문이다.

알고 보니 선생은 이미 시로써 어느 경지에 오른 분이고, 오로지 시 쓰는 일과 풀섶에 피는 풀꽃에나 관심을 가지는 사람인 것 같았다. 이런 선생이 폐간 위기에 놓인 문예지에 관련된 소문을 접하고 모른 체 할 수 없었던 것은 문학하는 사람으로서의 사명감이었을까?

어쨌거나 그때 이후 나는 교직에 입문한 등의 일로 한동안 문단에서 거의 활동을 하지 못했다. 선생을 다시 만난 것도 5~6년이 흐른 후였다. 그 사이 선생도 컴퓨터를 배우고, 운전 실력도 늘고, 휴대전화 조작 실력도 늘었거니 했다. 그런데 아니었다. 운전은 아예 접어버린 것 같았고, 시에서 희곡에 이르는 모든 글쓰기는 여전히 직접 손으로 하고 있다고 했다. 열어보지도 못하는 휴대전화 문자는 숫제 수신 거부였다. 변한 것이 있다면 청년 같았던 선생이 주름 더 깊어진 초로初老의 아저씨가 되어 있다는 것뿐……. 요즘은 웬만한 사람은 컴퓨터와 휴대전화 사용은 기본이다. 그러고 보면 선생은 일부러 배우지 않는 게 아니라 못 배우는 게지 싶다. 머릿속이 온통 시에 대한 생각밖에 없어 기계적인 것의 수용을 거부하는 것 같다.

처음이나 지금이나 늘 물가에 내놓은 어린아이 같은 시인. 하지만 그의 시에서도 묻어나듯 선생은 한없이 순수하고 진솔하다. 선생은 막걸리와 육자배기 가락을 좋아한다. 〈부용산〉 같은 아름다운 우리 가곡을 부를 줄 아는 멋스런 남자다.

선생은 거의 매일 하나의 시어詩語를 붙들고 화두를 들 듯 참구한다고 들었다. 그러니 앉은 자리에서 시 한 편이 거침없이 써지는 것이리라. 선생은 자기 시집詩集을 선물로 줄 때 그냥 이름만 사인

해서 주는 경우는 거의 없다. 시 한 편이라 해도 충분한 그날의 감상이나 풍경, 기분을 몇 줄이라도 담아서 건넨다.

"막걸리 한 잔 해야지!"

이 말이 예사말인 전주의 풍류 시인. 조만간 주막에서 선생이 좋아하는 막걸리 한 주전자 함께 나누고 싶다.

(2011)

5부

엉겅퀴 Ⅱ

수진이가 엘리베이터 문에 적힌 '장애인 전용'의
첫 글자를 손으로 가리며 활짝 웃었다.
그냥 '애인 전용'이라고 하면 어떨까요? 하는
깜찍한 표정을 지으며…….

하늘 그림

아침 출근길마다 하늘을 보며 운전하는 즐거움이 크다. 날이 채 밝지 않은 어스름한 아침, 연보랏빛 하늘 아래 날고 있는 겨울 철새들을 볼 수 있어서이다. 새들은 대개 서에서 동으로 그림을 그리며 이동한다. 그림은 슬로비디오처럼 느리게 흐르는 듯 보이지만 감상하는 데는 초를 다투어야 한다. 새들의 위치가 순간순간 바뀌면서 그림도 바뀌기 때문이다.

새들이 연출하는 무늬는 가지가지다. 돌고래 같은 큰 물고기를 그렸다가, 이순신 장군의 학익진 전법 비슷한 그림을 하였다가, 바람에 넘실대는 긴 꼬리연을 만들어내기도 한다. 새의 수가 좀 더 많을 때는 바다에 던져지는 어부의 그물인 양 촘촘하기도, 땡땡이 무늬 옷감을 펼친 듯 아주 낮게 점점이 하늘을 까맣게 덮기도 한다.

이렇게 그림은 새의 종류에 따라, 수의 많고 적음에 따라 다양하게 그려진다. 그리하여 그림은 날마다 새롭고, 혹은 무질서한 가운데 아름다운 질서가 있음을 나타낸다.

새들은 대개 같은 종류끼리 큰 무리를 지어 날지만 열 마리 미만의 소규모 무리도 있고 간혹 혼자서 고독을 즐기는 새도 있다. 마치 사람 사는 세상을 보는 듯하다. 가다가 대열에서 이탈하여 하강과 비상을 거듭하는 새들도 보인다. 어떤 새들은 아이들이 그림자놀이를 하듯 지그재그로 날며 장난짓을 한다.

아침이라고 꼭 서에서 동으로 이동하는 새만 있는 것은 아니다. 떼까마귀 같은 새들은 전깃줄이나 전신주, 가로등 위에 앉아 놀거나, 추수가 끝난 들판에 내려앉아 떨어진 알곡들을 주워 먹기도 한다. 심지어는 메뚜기 떼처럼 무더기로 푸른 보리밭을 습격하여 농부들의 두통거리가 되기도 한다.

어쨌거나 새들은 참으로 부지런하다. 새벽부터 해맞이를 나서는 새들은 행장 챙겨 먼 길 떠나는 여행자들 같기도 하다. 서양 속담에 일찍 일어나는 새가 먼저 먹이를 잡는다는 말이 있다. 부지런한 새들을 볼 때마다 그 생각이 스친다.

요즘 한반도 상공엔 겨울의 진객인 철새들이 줄지어 날아든다. 멀리 북쪽 시베리아에서부터 남쪽의 호주, 뉴질랜드에 이르기까지 항해하는 이 철새들에게 한반도 습지는 중간 기착지이자 쉼터이다.

출퇴근길 전주-군산 산업도로 상공에서 겨울 철새들을 많이 볼 수 있는 것은 가까이에 금강하구가 있기 때문이다. 금강하구는 주변에 넓은 농경지와 갈대밭, 오염되지 않은 갯벌 등 자연적 조건을 두루 갖추고 있다. 그래서 천수만, 순천만과 함께 우리나라 대표적인 철새도래지이다. 덕분에 이곳에 가면 언제라도 여름 철새와 겨울 철새와 나그네새 중 어느 한 가지는 볼 수가 있다. 사람은 텃세가 무섭다지만 까치, 박새, 흰뺨검둥오리 같은 텃새들은 여기서는 텃세 한번 제대로 부리지 못한다.

우리나라 4대 강 중의 하나인 금강과 서해바다가 만나는 금강하구. 호수같이 넓은 강과 갈대숲과 철새들의 군무가 어우러지는 풍경은 아름답다는 말만으로는 표현이 부족하다. 숙연하고 장엄하다. 해마다 이맘때면 특히 겨울 철새 떼가 장관을 이룬다. 갈대숲 사이로 한가로이 노니는 물새들, 물고기를 잡기 위해 자맥질을 하는 청둥오리들, 하늘을 향해 비상하는 각종 새들을 동시에 볼 수 있다. 원앙, 고니, 가창오리, 저어새, 도요새 같은 그 이름만으로도 정겨운 수많은 겨울 철새들……. 특히 카드섹션을 펼치듯 한꺼번에 날아오르는 해 질 무렵 가창오리 떼의 군무는 장관 중 장관이다. 매년 이곳에서 철새축제가 열리기도 하는 것은 그런 천혜의 조건 덕이다. 이제 겨울 철새들은 군산 사람들에게 귀하디귀한 손님이다.

철새라 하여 어디서나 사랑을 받는 것은 아니다. 군산의 경우처럼 철새축제까지 열어 대대적인 환영을 하는 곳이 있는가 하면, 고병원성 AI의 주범으로 지목되어 경계 대상이 되는 곳도 있다. 조류인플루엔자의 철새 책임론은 의학적으로 아직 명확하게 규명된 것은 아니라고 하니 철새들로서는 억울할 수도 있겠다. 이리저리 옮겨 다니는 정치인을 철새에 비유하기도 한다. 어느 자리에 머물든 떠나갈 때는 뒷모습이 아름다워야 다시 와도 환영을 받는다.

어쩌면 나도 군산群山의 철새가 될지 모른다. 늦은 나이에 교단에 서게 되어 첫 발령을 받은 곳이 군산이다. 교직은 한 학교에서 5년 이상 근무를 할 수 없다고 들었다. 그런 면에서 교사들은 모두 철새와도 같다. 나도 언젠가는 이곳 초임 학교와 어쩌면 군산까지 떠나게 될 터인데, 다시 와도 군산이 나를 환영하게 하려면 내 머문 자리가 아름다워야 할 일이다.

이천칠년 동짓달 열이렛날 오늘 아침에 좀처럼 보기 힘든 하늘 그림이 포착되었다. 보랏빛 서쪽 하늘에는 기울어진 새벽달이, 동쪽 하늘에는 홍등 같은 붉은 해가 떠오르는데 쇠기러기들이 대열을 이루어 날고 있다. 긴 꼬리연 그림을 연출한다. 마치 광폭廣幅의 동양화 한 폭을 보는 듯하다. 그림 속의 한 점이 되어 나도 따라 흘러간다.

(2007)

별명 이야기

내가 처음 교단에 선 학교는 군산에 있는 수송초등학교이다. 9월 발령을 받기는 하였으나 학교 사정으로 3~4일 일찍 출근을 시작하여 여름방학을 마치고 돌아온 아이들과 만났다. 방학 동안 풀어질 대로 풀어진 데다 담임이 바뀌어 교실은 그야말로 아수라장이었다. 서른 명이 넘는 아이들 중에는 말썽꾸러기 남자애들이 네댓 명 있었다. 녀석들 때문에 나의 교단생활이 처음부터 녹록지 않았다.

첫 출근했을 때 상익이는 7~8월 반장이었다. 심성 좋고 친구들과의 관계도 원만했던 아이는 처음부터 나를 잘 따르고 심부름하는 것을 무척 좋아했다. 몇몇 말썽꾸러기 아이들 때문에 속상해하는 나를 보면 상익이가 "선생님, 힘내세요. 우리가 있잖아요~" 하는 노래를 불러주곤 하였다. 맨 뒷자리에 앉아 짝꿍과 이야기를 하다

가도 나와 얼굴이 마주치면 이 노래를 불렀다. 몇몇 아이들에 시달리는 선생님이 제 딴엔 몹시 안타까웠던 모양이다.

이런 상익이에게는 장기가 한 가지 있다. 양 눈꺼풀을 뒤집은 채로 피에로 흉내를 내는 것이다. 눈꺼풀의 속살을 드러내며 두 눈을 깜박거리면 연극무대의 어릿광대를 보는 듯하여 아무도 웃지 않고 배길 수 없다. 일부러 그렇게 해보려고 해도 쉽지 않은 짓을 상익이는 식은 죽 먹듯 해내곤 한다. 피에로가 된 상익이를 보며 아이들은 배꼽을 잡고 웃곤 한다. 나 역시 상익이 덕분에 하루에도 몇 번씩 웃는다. 우리 반의 청량제라고 할 수 있는 이런 상익이에게 하루는 내가 '피에로'라는 별명을 지어주었다.

그런데 녀석은 이 별명을 그리 달가워하지 않는 눈치다. 이유가 궁금하지 않을 수 없다. 어느 날 ≪쓰기≫ 시간에 반 아이들 모두에게 별명에 대한 자기 생각을 글로 써보게 하였다. 피에로라는 별명에 대한 상익이 자신과 아이들의 생각, 아이들의 갖가지 별명, 별명에 대한 호불호好不好 정도를 알아보고 싶었다.

먼저 피에로라는 별명의 당사자인 상익이의 반응부터 보았다. 그런데 아이는 이 별명이 무조건 싫다고 썼다. 피에로가 어떤 인물이고 이 별명이 자신에게 얼마나 잘 어울리는지는 알려고도 하지 않는다. 별명은 단지 아이들을 놀리기 위한 수단일 뿐이라며 부정적인 인식을 하고 있는 상익이.

상익이의 별명에 대한 아이들의 반응도 제각각이다. 평소 친구들로부터 별명으로 놀림을 많이 받은 아이들은 상익이도 이 별명으로 인해 놀림을 받을 것이라고만 생각한다. 그래서 무조건 별명으로 불리는 것을 반대하고 있다. 그런 반면 수연이나 지혜, 길우같이 생각이 깊은 아이는 상익이의 별명이 좋은 별명이라고 했다. 상익이에게 매우 잘 어울리고 친구들 사이에 오래 기억에 남을 별명이라고 말이다.

우리 반 아이들이 친구의 별명을 짓는 방법은 매우 단순하다. 이름의 한 글자를 취해 생각나는 대로 아무렇게나 별명을 붙인다. 그래서 아이와 전혀 생뚱한 별명이 되고 만다. 심지어 한 녀석은 제일 친하다는 친구의 별명을 '병신'이라고 지어 부른다고 한다. 성이 이가요 이름이 병자로 시작하는 친구에게 말끝마다 '이 병~신' 한다고 해서 앞으로는 그렇게 부르지 말도록 주의를 주었다. 공책에 적힌 아이들의 별명을 보면 이 밖에도 김치, 김치찌개, 김밥, 김치볶음밥(성이 김가인 경우), 바가지, 박하사탕(이상 박가), 권총, 권투선수(이상 권가), 양파, 양파링, 양배추, 양치기소년(이상 양가) 등으로 부른다. 이러니 별명으로 불리는 아이들이 별명을 싫어할 만도 하다.

별명이란 본명 이외의 다른 이름이다. 별명은 그 사람의 장점이나 특징이나 개성을 잘 살려 긍정적인 내용으로 짓는 게 좋다. 별명은 그 사람에게 친근감을 느낄 수 있고 오래오래 기억하게 한다. 단점이나 나쁜 점만 살려 별명을 지으면 그 친구의 부정적인 면만 부각이 되어 친구를 나쁜 쪽으로 기억하게 된다. 그래서 별명으로 불리게 되는 당사자도 기분이 좋지 않다.

별명이 아이들에게만 있는 것은 아니다. 교사인 나도 문단에 글을 발표할 때는 별명인 '하연河然'이라는 필명을 쓴다. 예부터 선비나 예술가들은 본명 외에 호나 예명을 갖기를 좋아했다. 물론 이런 어른들의 별명은 자신의 태어난 고향, 인생관이나 기질, 취향, 바람 등 여러 가지를 고려하여 짓는다. 그리고 요즘 인터넷에서 사용하는 ID도 모두 별명에 해당한다. 아이들이 쓴 글을 돌려줄 때 별명에 대한 이해를 돕는 이런 이야기를 충분히 해주었다.

이후, 나에게 별명을 지어달라고 조르는 아이들이 생겼다. 건웅이는 아예 내 책상 앞을 떠나지 않으며 떼를 쓰다시피 하고, 길우는 청소시간이 아닌데도 빗자루를 들고서 나의 호감을 사려 한다. 그렇게까지 하며 자기만의 별명을 갖고 싶은 아이들이 너무 귀엽다. 꼭 이 아이들에게 잘 어울리는 별명을 지어주고 싶다. 그리고 상익이에게는 제 별명 피에로에 어울리는, 만인에게 웃음을 주고 사랑을 받는 사람이 되기를 바라는 마음이다.

(2007)

마음은 노란색 스쿨버스를 좇아

어제와 오늘 우리 학교는 단기방학 기간이다. 식목일을 겸하여 아이들에게 나무사랑 체험을 할 수 있도록 하기 위한 휴업일이다. 이때에 맞추어 지난 여름 지리산 산행 때 신세를 진 두 글벗을 내 고향 마을 인근에 있는 섬진강 발원지 데미샘에 안내하기로 했다.

전주에서 한 시간을 달려 온 샘으로 향하는 길가에는 못 보던 펜션도 몇 개 생기고 가로수 벚나무마다 꽃망울이 방울방울 맺혔다. 1주일쯤 후면 꽃들이 만발할 것 같다. 잘 아는 길이라 원신암까지 한달음에 도착했다. 여기서부터 샘까지는 길이 험해 나는 남고 일행은 이내 데미샘으로 향했다.

이제부터 두어 시간 동안은 혼자서 한적한 시간을 보내야 한다. 마을 가구 수래야 10호도 안 되지만 먼저 동네 골목을 걸어보았다.

입구에 원목으로 잘 지은 화장실까지 갖춘 마을회관이 새로 들어서 있고, 샘으로 오르는 길과 계곡에 대대적인 새 단장을 한 흔적이 보인다. 전에 없던 분식집도 생기고 지금 새로 짓고 있는 집들도 있다. 햇볕 잘 드는 양옥집 마루에는 두 안노인이 이쪽을 바라보며 이야기를 나누고 있다. 양옥집은 화단도 잘 가꾸어져 철쭉이 마당 가득하다.

버들가지에는 지금쯤 물이 올랐을까? 냇가로 나가 보았다. 간신히 꺾은 가지 하나를 틀어보았다. 아직 물이 안 올랐는지 뜻대로 되지 않는다. 우리 반 아이들에게 섬진강 발원지 버들피리 소리를 선물하려던 계획은 물거품이 되었다.

마을 앞 밭 가장자리에는 감나무가 한 그루가 서 있다. 새 감잎을 보기에는 아직은 이른 때이다. 오래된 감나무는 밑동으로 갈수록 이끼가 파랗다. 그 아래 재미있는 글씨가 눈에 띈다. 세월의 때가 잔뜩 서린 시멘트바닥 위에 '놀이터'와 '깨끗이'라는 두 문구가 흐릿하다. 70년대 새마을운동의 흔적 같다. 이 감나무 밑이 아이들 놀이터였던 모양이다. 소꿉놀이를 하더라도 신발-아마도 검정 고무신이었을 터-은 벗고 올라앉으라는 뜻일 것이다. 내 어릴 적 모습이 떠올라 절로 웃음이 난다.

저만치 노란색 미니버스 한 대가 모퉁이를 돌고 있다. 오늘은 토요일이다. 12시쯤 학교가 끝난, 하교하는 아이들이 타고 있으리

라. 갑자기 마음이 설레어 왔다. 아이들은 몇 명이나 타고 있을까.

산등성이로 난 길옆에 차가 멈춘다. '전라북도진안교육청'이란 글씨와 심벌마크가 선명하다. 저 한참 아래의 백운초등학교에서 온 스쿨버스일 것이다. 반가움과 호기심을 안고 버스를 지켜보았다. 한 아이가 내린다. 6학년쯤 되었을 꽤 몸집이 있는 여자아이이다. 아이를 내려주고 부릉부릉 차가 다시 출발할 모양이다. 그런데 여기 원신암 마을로 오는 것이 아니라 정차한 곳에서 그대로 돌아서고 있다. 그러고 보니 차 안에는 운전사 말고 아무도 없다. 원신암 마을에는 초등학교에 다니는 아이가 단 한 명도 없다는 말인가. 스쿨버스는 흙먼지도 날리지 않고 이내 돌아가 버렸다.

이제 나의 관심은 차에서 내린 여자아이한테로 향했다. 아이에게 말을 걸어보고 싶지만 그러기에는 아이와 나와의 거리가 좀 멀다. 부르는 대신 걷는 모습을 지켜보았다. 이상하게도 아이는 주변에 눈길 한 번 주지 않는다. 아지랑이가 피어오르는, 산등성이로 난 길을 따라 성큼성큼 사라져버렸다. 왠지 서운하다. 올 때 본 기억으로 거기 어디쯤에 새로 생긴 축사畜舍가 있었던 것 같기도 하다. 어쩌면 축사 주인과 아이는 이곳 토박이가 아닐지도 모르겠다.

아이가 간 길을 따라가 보기로 했다. 조금만 고개를 들면 산등성이와 냇가마다 파릇파릇한 봄기운, 버들개지, 맑은 계곡물, 산기슭엔 진달래꽃도 보이건만 아이는 그런 것엔 눈길 한 번 주지 않았다.

아이가 사라진 그 자리에 보안 시스템까지 갖춘 거대한 축사 두 동이 보인다. 돌아서려니 왠지 마음이 씁쓸하다.

신발을 끌며 내려오는데 저 멀리 작은 숲 같은 것이 눈에 들어왔다. 나무들 사이로 낡은 건물도 한두 동 보인다. 자세히 보니 폐교된 지 오래된 반송초등학교 신암분교이다. 차를 가지고 학교 가까이 가 보았다. 하늘 높은 줄 모르고 자란 화단의 주목나무들 아래 깨진 유리창, 너덜너덜해진 교실 출입문, 편백나무와 잡목들로 무성한 학교 울타리……, 이런 어수선한 교정에 한봉 벌통들이 줄지어 서 있다. 저수지가 내려다보이는 전망 좋은 이 학교는 그야말로 사계절이 동화 속 같았다. 맑은 공기, 맑은 물을 먹고 자란 아이들은 지금은 다 어디서 무엇을 하고 있을까.

그러고 보니 이 근방 4개의 초등학교가 모두 폐교가 되었다. 이농현상에 따른 급격한 인구 감소를 내 고향도 피해가지 못했기 때문이다. 3~4km 밑에 있는 본교인 반송초등학교까지 벌써 오래전에 무슨무슨 수련원으로 용도가 바뀌었고, 여기서 산 하나 너머의 내 모교 성신초등학교는 어느 기업체의 사원 연수원으로 새 단장을 마쳤다. 내 어릴 적 바람은 더도 덜도 말고 나의 모교에서 아이들을 가르치는 것이었지만 이제 영영 이룰 수 없는 꿈이 될지도 모른다. 이 밖에도 평장초등학교와 좌산초등학교가 폐교의 운명을 피해 가지 못했다. 근방의 네 개 초등학교가 모두 폐교되고 면소재지에 겨우 하나만이 남아서 오늘처럼 노란색 스쿨버스로 아이들을 실어 나른다.

내가 이 골짝 학교에 다니며 성장했던 70년대 당시만 해도 아이들은 산 넘고 물 건너 근방의 학교를 오가며 운동회를 공유했다. 꼭두각시와 소고춤 등을 구경하려고 10리가 넘는 산길을 마다하지 않았다. 그러하던 추억들이 그립기 그지없다.

2시가 다 되어서야 데미샘에 갔던 일행이 돌아왔다. 두 글벗은 벚꽃이 활짝 필 때 다시 오고 싶다며 상기된 얼굴이다. 아무 말 않고 한동안 나는 글벗들이 샘에서 길어다 준 물로 답답한 가슴을 달랬다.

(2008)

칠판에 시를 적을 때

아이들이 모두 돌아간 교실은 적막감마저 돈다. 42명의 훈기만으로도 난로가 필요 없지만 아이들이 빠져나가고 나면 금세 교실은 공기부터 달라진다. 쌀쌀하지만 고요한 속에서 서둘러 밀린 업무를 마친다.

벌써 4시. 퇴근 전에 해야 할 일이 한 가지 더 있다. 다음 주 아이들이 외울 동시를 판서板書해 놓는 일이다. 이 시가 올해 우리 반 아이들이 외울 마지막 동시가 될 것이다. 당번들이 말끔히 닦아 놓고 간 칠판을 다시 한 번 닦는다. 그리고는 초록색 칠판에 새 분필로 쉰 번째 시를 써 내려간다. 내가 꼭 우리 반 아이들만 할 때, 4학년에 올라가기 전 외운 〈새봄〉이라는 동시이다.

입김으로 호오호
유리창을 흐려 놓고
썼다가는 지우고
또 써 보는 글자들
봄, 꽃, 나비……

또각 또각 또각……, 빈 교실에서 울리는 청아한 이 소리. 흡사 사찰에 울려 퍼지는 은은한 목탁소리 같다. 언제부턴가 나는 이 소리가 좋다. 칠판에 글씨를 써 나갈 때 나는, 칠판과 분필이 만날 때 나는. 이 소리를 듣는 맛에 일부러 평소에도 비교적 판서를 많이 하는 편이다. 하지만 내가 판서를 좋아하는 진짜 이유는 다른 데 있다.

학교에서는 학급마다 특색사업이란 게 있다. 담임교사의 자율적이고 창의적인 학급 경영을 위해, 정해진 수업 외에 그 학급만의 특색 있는 사업을 펼치는 것을 말한다. 올해 우리 반의 특색사업은 '동시 외우기'이다. 이를 위해 아이들은 교과 공책과 일기장 말고도 동시 공책이 따로 한 권 더 필요하다. 여기에 월요일 아침마다 칠판에 적힌 시를 옮겨 적는다. 그러고 나서 짧은 동시는 하루나 이틀, 조금 긴 동시는 1주일 동안 중얼거려가며 외운다. 동무들과 서로 주거니 받거니 외우기도 한다.

이런 아이들을 위하여 좋은 시를 고르는 일이 나에게는 큰 즐거움이다. 동시집, 신문, 인터넷……, 시간이 날 때는 직접 서점에 들러 좋은 동시집이 있는지 찾기도 한다. 좋은 동시란 아이들의 정서에 맞고 아이들의 삶이 드러나는 시를 말한다. 뭐니 뭐니 해도 동시는 어렵지 않으면서 재미가 있어야 한다. 아이들의 호기심을 자극하며 생생한 감동이 있는 시, 자꾸자꾸 외우고 싶어지는 시, 언제까지나 마음속에 간직하고 싶은 시가 좋은 시이다. 동시를 많이 외운 우리 아이들은 어느새 시를 보는 안목도 생겨났다. 이런 조건을 두루 갖춘 동시일수록 아이들의 호응이 뜨겁다.

아이들이 시 외우기를 좋아하는 까닭은 뭘까? 학교 공부로는 양이 차지 않아 부모들은 아이를 영어학원으로 논술학원으로 피아노학원으로……, 다람쥐 쳇바퀴 돌리듯 한다. 놀 시간은커녕 밥 먹을 시간조차 넉넉지 않은 아이들은 머리에 쥐가 날 지경이라고 아우성이다. 그런데도 또 하나의 부담이 될 수 있는 동시는 거부하지 않고 잘도 외운다. 오히려 이 시간만큼 즐거운 시간이 없다고 하고 동시 외우기로 스트레스가 확 풀린다며 좋아라 한다. 이제 우리 반 아이들에게 시 외우기는 하나의 놀이가 되었다.

동시 외우기를 시작한 이후 아이들한테서 여러 가지 변화를 목격하게 된다. 표정이 밝아지고 정서가 안정되어 가며 언어 표현이 순화되고 있다. 시 외우기에 자신감이 부족했던 아이가 점차 긴 시를 주문할 만큼 도전의식이 생긴 것도 큰 변화이다. 이런 효과는

ADHD 증상이 있는 아이, 거칠고 폭력적인 아이한테서도 많이 보고 있다. 정서 장애 등 정신적 치료 대상 환자에게 독서 치료, 음악 치료, 미술 치료가 있듯이, 시詩 치료라는 것도 가능하겠구나 하는 생각을 나는 우리 아이들을 보면서 하게 된다.

동시 외우기는 아이들의 감성과 상상력을 키우는 데에도 효과적이다. 시를 잘 외우는 아이가 그렇지 않은 아이에 비해 언어에 정감이 있으며 사고의 폭 또한 깊고 넓다. 이런 이유 때문에 독일이나 영국, 프랑스 같은 선진국에서는 어릴 때부터 시 외우기를 생활화한다고 들었다. 나는 우리 아이들이 여기에서 더 나아가 자연을 사랑하는 마음까지 키워 나갔으면 한다. 열린 마음으로 세상을 보며 더 따뜻하고 더 배려심 있는 마음으로 가꿔 나갔으면 한다.

봄아 봄아 오너라
어서 오너라.
봄이 되면 나는 나는
새로 4학년
내 마음엔 벌써
봄이 와 있다.

판서를 마쳤다. 내 마음에도 성큼 봄이 온 것 같다. 월요일 아침, 서둘러 학교에 온 아이들은 교실에 들어서자마자 칠판부터 볼 것이다. 설레는 마음으로 4학년을 맞는, 딱 저희들 마음인 이 시를 칠판 한 번 보고 공책 한 번 보고 하며 공책 한 쪽을 다 채울 것이다. 우리 반 동시 외우기의 '지존'인 동준이는 어느새 또 다 외우고선 검사를 해달라며 성화를 댈 것이고, 혜린이와 시연이, 경찬이와 창민이는 공책을 가슴에 품은 채 얼굴 마주보며 같이 시를 외우고 싶어 안달일 것이다.

칠판 밑에 분필가루가 밀가루처럼 떨어져 있다. 바로 이놈들이 내 기관지 건강을 악화시키는 주범이다. 그렇다고 칠판에 시를 적는 일을 멈추고 싶지 않다. 환한 표정으로 쫑알쫑알 시를 외울 아이들을 생각하며 칠판에 시를 적을 때, 나는 세상에서 가장 행복한 선생님이 된다.

(2009)

'처음'이라는 이름으로

첫걸음, 첫 단추, 첫사랑, 첫 월급……. 이런 말들에서 보듯 우리는 모든 처음 하는 일에 매우 큰 의미를 둔다. 새로운 직장에서의 첫출발 혹은 첫인사, 어떤 사람과의 첫만남과 첫인상, 첫아이, 첫눈, 첫새벽 등은 그 어휘 자체만으로도 새로운 희망과 설렘을 불러일으킨다. 처음이 갖는 의미는 그만큼 크고, 그에 대한 첫인상은 오래오래 기억되고 혹은 평생을 가기도 한다.

교사가 첫 발령을 받았을 때의 각오와 다짐, 첫 제자들에 대한 애정 또한 그러할 것이다. 세월이 흘러 수를 헤아리기 어려울 만큼 많은 수의 제자와, 그 중에는 내로라하는 인물이 된 제자도 여럿 있을 테지만, 유난히 초임지에서 만난 첫 제자는 더 애틋한 것 같다.

선생님의 전화를 받은 건 내가 교단에 선 지 3개월쯤 되었을 때다. 수업 중에 교실 전화벨이 울렸다. 급한 경우가 아니면 수업 중에는 울리지 않는 전화라서 초보 교사인 나는 바짝 긴장을 하고 받았다. 그런데 전화선을 통해 들려오는 목소리…….

"전현자 선생님이지요? 나 김○○라고 하는데, 기억해요?"

모를 리가 있나. 당연히 기억하고 있으며 초등학교 3학년 때 담임선생님이시라고 들뜬 목소리로 대답했다. 통화하게 되어 반갑다 하시며, 선생님은 지금 전주 모 초등학교 교장 선생님으로 계신다고 했다. 당황스럽기도 하고 수업 중이기도 하여 간단한 인사만 나누고는 전화를 끊었다. 내가 교단에 선 것을 선생님께서 어떻게 알았을까. 수업 중에도 그 생각이 머리에서 떠나지 않았다. 내 얼굴이 상기되어 보였던지 누구 전화냐며 아이들이 물었다. 그러고 보니 내가 꼭 이 아이들만 할 때 나를 가르쳤던 선생님이시다. 아이들은 40여 년의 세월을 실감 못하겠는지 모두가 신기하다는 표정이었다. 어리둥절하기는 나도 마찬가지였다.

지금도 그렇지만 첫 발령을 받은 해, 그때는 더더욱 아이들을 집으로 돌려보내기 전까지 정신이 하나도 없는 나날이었다. 아이들이 돌아가고 나면 전화를 드려야지 하고 있는데 기다리지 못하고 선생님이 또 전화를 하셨다. 내가 교사가 된 것을, 그리고 이 학교에 근무하는 것을 어떻게 아셨을까 하고 의아해하는 것 이상으로 선생님께서도 나의 많은 것이 궁금하셨을 것이다.

그날 이후 종종 전화로만 안부를 나누었다. 어떻게 살았는지, 어떤 모습인지 몹시도 궁금하신 선생님은 한번 만나자고 하였지만 내가 그럴 마음의 여유가 없었다. 겨울방학이 되어서야 겨우 만나 뵐 수 있었다. 연세는 드셨어도 한눈에 선생님을 알아볼 수 있을 만큼 젊은 시절 모습이 얼굴에 많이 남아 있었다.

선생님은 전북교육청 신규임용교사 명단에서 처음 내 이름을 보셨다고 했다. 동명이인일 수도 있지만 혹시나 하여 교육청으로 전화를 걸어 제자임을 확인하셨단다. '기어이 꿈을 이루었구나!' 생각하며 기특해 하셨다는 선생님, 하지만 몸에 전에 없던 장애가 있다는 말을 들었을 땐 얼마나 많이 놀라셨을까. 아니 그보다 어떻게 제자일 수 있다는 생각을 하셨을까. 지금까지 내 이름을 기억하신 것도 그렇고, 나이 50이 다 되었을 제자가 신규교사로 교단에 설 수 있다는 생각은 어떻게 하셨을까. 선생님은 그 시절 내가 명랑 쾌활하였으며 사회성이 좋았다고 하셨다. 그런 인상을 아직까지 또렷이 기억할 수 있는 힘은 역시 첫 부임지에서 맡은 첫 제자였기 때문일 터이다.

선생님은 담임이었다고는 하지만 겨우 1개월 남짓 근무하다 학교를 떠나셨다. 하지만 선생님께서 아직 첫 제자를 잊지 못하듯,

나와 우리 동기동창생 모두에게 선생님도 매우 깊은 인상을 남기셨다. 선생님께서 처음 우리 학교에 부임하신 날의 기억은 지금도 생생하다. 여름방학을 보내고 개학하던 날, 학교에서 5리쯤 떨어진 비교적 먼 동네에 살았던 나와 우리 동네 아이들이 제일 먼저 학교에 도착했다. 숨을 헐떡이며 우리 교실 쪽으로 달려가니 벌써 복도문이 열려 있고 교실 창문도 활짝 열려 있었다. 이때 까만 선글라스를 낀 어느 낯선 분이 복도 끝에 서 있는 게 보였다. 그분이 나를 보더니 내가 있는 쪽으로 오셨다. 그리고는 숨을 몰아쉬는 나에게 뭐라고 하시는 것 같았다. 진한 선글라스 때문에 표정을 볼 수는 없었고 지금 꾸중 내용도 기억은 못 하지만 조용히 교실로 들어가라는 뜻이었던 것 같다. 알고 보니 그분은 2학기부터 우리들을 가르칠 선생님이셨고, 선생님은 그렇게 무서운 인상으로 우리에게 오셨다.

선생님의 훈육 방법은 매우 독특했다. 뒷짐을 진 채 몸을 굽혀 머리를 땅에 박는 '원산폭격'이라는 군사적 벌을 주곤 하셨다. 말썽꾸러기 남자아이들은 특히 이 벌을 자주 받았다. 하지만 따뜻하고 자상한 면도 있으셨다. 배고픈 산골 아이들에게 조금이라도 더 먹이려고 우리들 도시락에 가득가득 끓인 우유를 부어주셨다. 유난히 마른 체형이던 나에게는 많이 먹고 살 좀 쪄야 한다며 자꾸 주시곤 했다.

선생님의 구령에 맞춰 운동회 연습을 하던 일도 생각이 난다. 우리나라 지도를 완성하는 경기였는데, 청군과 백군이 각각 두 사람씩 손을 잡고 달려가 도道를 경계로 나누어진 조각들을 짜맞추어 먼저 지도를 완성하는 팀이 이기게 된다. 친구들은 기억하지 못하는 이 운동 종목을 나는 지금도 생생히 기억하고 있다.

안타깝게도 선생님은 운동회를 보지 못하고 학교를 떠나셨다. 군 입대를 하셨기 때문이다. 우리는 담임선생님이 안 계신 상태로 운동회를 치렀다. 파란 하늘, 고추잠자리, 코스모스가 함께하는 1년 중 가장 신나는 날이었지만 어딘가 모르게 쓸쓸한 운동회였다. 선생님은 군대에 계시는 동안 편지도 자주 주시고 군복 입은 멋진 모습의 사진도 보내주셨다. 나는 그때 선생님께 편지 쓰는 즐거움이 컸다. 하지만 시간이 흘러 중학교에 진학한 이후에는 소식을 주고받은 기억이 거의 없다. 그렇게 어느덧 40여 년의 세월이 흐른 것이다.

이후 선생님과 나는 주로 방학 중에 만난다. 교직이라는 공동의 화제가 있어 선생님과 나는 만남이 늘 새롭다. 나는 궁금한 업무, 곤란을 겪은 일 등에 대해 자문을 구하고, 선생님은 조금이라도 제자에게 도움이 될 만한 정보나 조언을 아끼지 않으신다. 말은 안 하셔도 젊고 건강한 신규교사와는 다른, 여러 악조건 속에서 그런대로 교사의 사명을 다하고 있는 제자가 안쓰럽기도 하고 대견하기도 한 것 같다. 오늘도 저녁을 함께한 후 덕진공원 호숫가에서 시간가는 줄 모르고 이야기를 나누었다. 무슨 일이 있어도 의기소침하지 말고 당당하라며 뒤에는 늘 선생님이 있다는 걸 잊지 말라고 하신다. 너무나 감사하다.

선생님이 첫 부임지에서 만난 첫 제자를 이처럼 챙기시는 것은 초심初心과 그 추억을 잊지 못해서일 터이다. 선생님이 자주 회고하듯 사방이 산으로 둘러싸인 산골로 발령을 받아 혼자 울기도 하셨다지만, 나름대로 얼마나 다부진 각오로 초심을 잃지 않으려 노력하셨을까.

나는 이제 겨우 교육경력 3년째로 접어들지만, 나에게도 첫 부임지인 현재의 학교와 제자들에 대한 마음은 각별하다. 그만큼 첫 마음, 첫 각오가 단단했고 첫 정이 들어서인 것 같다. 좋은 책들을 돌려 읽게 한다든지, 동시를 외우게 한다든지, 전래놀이를 가르쳐준다든지……, 교과 교육 외에도 한 가지라도 더 가르쳐주고 싶어 열정을 쏟는다. 내가 그렇게 온몸을 다하여 가르쳐서인지 아이들도 나를 못 잊어 하고, 나 역시 좋은 책이 있으면 사서 선물하거나 우리 반에 들어온 남은 간식을 나의 첫 제자들을 불러 먹이곤 한다. 이 아이들과 같이 만든, 10년 후에 함께 열어볼 타임캡슐도 어딘가에 꼭꼭 숨겨져 있다.

나는 그때의 나의 선생님처럼 지금 열아홉 살 청년이 아니다. 그러므로 나의 첫 아이들과 40년 후에 다시 만날 가능성은 매우 적다. 혹시라도 만나게 된다면 우리 아이들은 나를 어떻게 기억해 줄까?

(2009)

애인 전용 엘리베이터

예전에 초등학생들에게 1년 중 즐거운 날들을 꼽아 보라고 하면 소풍날이 빠지지 않았을 것이다. 틀에 박힌 학교 공부에서 벗어나 보물찾기 같은 걸 하면서 평소에 못 먹던 김밥이나 칠성사이다 맛을 볼 수 있는 소풍은 손꼽아 기다리는 날 중 하루였다. 오늘날은 소풍을 현장체험학습이라 부르고 학교마다 사정은 다르지만 대개 한 학기에 두 번씩 1년이면 네 번 체험학습 기회를 갖는다. 소풍날 보물찾기 같은 것이 있었다는 것조차 모르거니와, 물질도 풍족해져 요즘 아이들은 김밥이나 사이다를 먹기 위해 체험학습 날을 기다리지는 않는다.

오늘은 우리 학교 1학기 2차 현장체험학습 날이다. 42학급 규모의 큰 학교이다 보니 학년마다 체험학습 장소가 달라서 4학년 7개

반은 세계문화유산으로 등록된 우리 고장 고창의 우수한 문화재인 고인돌유적지를 돌아보게 된다. 이번에도 우리 반은 담임인 나를 대신하여 반장과 부반장이 아이들을 인솔하게 된다. 걸음이 느린 나는 뒤에서 천천히 아이들을 뒤따르기로 했다.

학교를 출발하여 한 시간쯤 걸려 고창에 도착했다. 본격적인 코스별 답사를 시작하기 전 먼저 고인돌박물관에 들렀다. 1층과 2층에서 3D 입체 영상물과 선사 시대 거석문화의 이해를 돕는 전시물 등을 본 다음 3층 체험공간으로 올라갔다. 여기에서는 암각화 그려보기나 고인돌 만들기 같은 체험을 할 수 있다.

1층에서 3층까지 아이들은 질서있게 계단을 통해 올라가고 미안한 마음으로 나 혼자 엘리베이터를 타고 아이들 뒤를 따랐다. 엘리베이터에서 내리자마자 아이들이 일제히 반가움과 부러움의 환호성을 질렀다. 박물관 3층에는 '하늬바람'이란 예쁜 이름의 옥상공원도 있었는데, 이곳에서 인근의 고인돌을 한눈에 볼 수 있었다. 산 아래 완만한 경사면에 흩어져 있는 수많은 고인돌……. 마치 푸른 바다에 점점이 떠 있는 섬 같았다. 아이들도 나도 감탄사가 절로 나왔다.

다시 1층으로 내려가야 할 순서가 되었다. 이때 수진이가 엘리베이터 앞에 섰다. 좀 덜렁대기는 해도 정이 많고 의협심도 있는 아이다. 아마도 선생님이 안전하게 엘리베이터를 탈 수 있도록 버튼을 눌러주려는 것 같았다. 그러더니 엘리베이터 문에 적힌 '장애인 전용'의 첫 글자를 손으로 가리며 활짝 웃었다. 그냥 '애인 전용'이라고 하면 어떨까요? 하는 깜찍한 표정을 지으며…….

'애인 전용' 엘리베이터를 타는 선생님이라. 그동안 나는 아이들에게 어떤 선생님이었을까? 언제라도 자신들이 보호를 받을 수 있는 건강한 선생님이 아닌, 오늘처럼 어린 저희들이 보호를 해드려야 하는 나약한 선생님으로 비쳐지진 않았을까?

3년 전 지팡이를 짚는 선생님이 학교에 부임했을 때, 아이들도 학부모들도 술렁였다. 장애인 선생님이 과연 정상적으로 수업을 할 수 있을까, 아이들 생활지도나 운동장 수업은 어떻게 할 것인가 걱정이 많았을 것이다. 하지만 아직까지는 큰 문제없이 여기까지 왔다. 오히려 아이들은 서로서로 나를 도와주고 학부모들은 알게 모르게 응원을 보내준다.

아이들이 담임을 선택할 수 있는 권한은 없다. 그러기에 우리 반 아이들은 지팡이에 의지해야만 걸을 수 있는 장애인 선생님을 담임으로 맞았다. 아이들은 말 그대로 순수하다. 장애인 선생님이라 하여 거부를 하기보다는 어떻게 하면 선생님을 도와드릴 수 있을까 그것부터 생각하는 것 같다. 적어도 나와 같은 반이 된 아이들은 그랬다. 학교에 엘리베이터가 없어 계단을 오르내려야 하는 나를 대신하여 교무실까지 다니며 복사를 해오는 아이, 체육조회 같은 때 앞에 나와 새천년 건강체조를 해주는 아이, 교실 환경정리를 도와주는 아이, 가방을 들어주는 아이……, 모두가 이렇게 배려심 많은 사랑스런 아이들이다.

오늘 수진이의 깜찍한 동작에 아이들도 나도 한바탕 웃었다. '애인 전용' 엘리베이터를 타는 선생님처럼 나를 특별하게 생각하는 아이들 같다. 건강한 다른 반 선생님들을 부러워하지 않고 느리면 느린 대로 내 속도대로 잘 따라 주는 아이들이다.

이번에는 저희들끼리 자랑스러운 우리 고장 고인돌을 직접 돌아보고 함께 사진도 찍고 와서 삼삼오오 나무그늘에 모여 재잘재잘 점심을 먹는다. 아이들이 김밥 하나, 방울토마토 하나, 과자 하나씩 가져와 내 입에 넣어주고 간다. 이 어여쁜 아이들을 어찌 사랑하지 않을 수 있으랴. 이 아이들이야말로 모두가 내 사랑스런 애인이다.

(2009)

신新 포석정 놀이

삼월 삼짇날 하는 놀이 중에 '유상곡수流觴曲水'가 있었다. 풍류를 즐기던 옛 선조들이 굽이도는 물에 술잔을 띄워 그 잔이 자기 앞에 오기 전에 시를 짓던 놀이를 말한다. 그 흔적이 경주 포석정鮑石亭과 창덕궁 후원 옥류천 등에 일부 남아 있고, 오늘날에는 단오절에 전주 한옥마을 사이를 흐르는 실개천에서 전통 풍류놀이로 재연되고 있기도 하다.

초등학교 4학년 2학기 사회 교과서에 '옛 도읍지와 문화재' 단원이 있다. 여기 소개된 여러 문화재 중에는 경주의 포석정 사진도 실려 있어 이 부분을 공부하는 동안 우리 반 아이들에게 통일신라 문화재의 하나인 '포석정'에 대한 다음과 같은 설명을 곁들여 주었다. 신라의 왕과 귀족과 화랑들이 풍류를 즐기던 곳으로, 이 석조물에 둘러앉아 흐르는 물에다 술잔을 띄워 보내면 그 술잔을 받는 사람마다 시를 지어 화답하는 놀이를 즐겼다는 이야기였다.

그리고 며칠이 지났다. 하루는 사회 시간에 형진이가 손을 번쩍 들더니 우리도 포석정 놀이를 해보면 어떻겠냐고 한다. 술 대신 음료수를 띄워 놓고 돌아가며 시를 짓는 놀이를 하자는 것이다. 교실이나 운동장에 물길은 어떻게 만들며 즉석에서 시를 지을 친구가 몇 명이나 될까만, 아이의 발상은 얼마나 신선한가.

그날, 아이들이 돌아간 뒤에 형진이의 제안을 다시 생각해 보았다. 이 아이 말대로 술 대신 음료수를 준비해 놓고, 물길은 그림을 그려 교실 바닥에 붙이고, 시는 짓는 대신 그동안 외운 동시를 돌아가며 다시 외우는 방식으로 하면 못할 것도 없겠다 싶었다. 그동안 우리 반은 매주 한두 편씩의 동시를 외워 온 터라 시 외우기가 하나의 놀이로 자리잡은 지 오래다. 다음 날 아이들에게 이런 내 생각을 말하자 교실엔 한꺼번에 환호성이 터졌다. 아이들은 자신이 곧 신라의 화랑이라도 된 기분인 것 같았다.

토요일까지 포함한 연휴에 아이들에게 그동안 외운 동시 중 마음에 드는 몇 편씩을 다시 외워 오게 했다. 그림 잘 그리는 여자아이 몇 명을 남겨 포석정 그림도 그려놓도록 했다. 4절지 10장을 이어 가며 포석정 모양의 물길을 그리고 큰 느티나무 한 그루도 그렸다. 신이 난 아이들은 물 위에 뜬 꽃잎과 나비까지 그려 넣었다. 이제 음료수만 있으면 모든 준비는 끝이다. 아이들 주문대로 음료수는 막걸리 빛깔의 것으로 내가 준비를 하고 안주는 각자 먹을 만큼 과자를 가져오기로 했다.

마침내 아이들이 기다리고 기다리던 포석정 놀이를 하는 날, 등굣길에 만난 얼굴마다 기대와 설렘으로 가득하다. 학부모 대표는 어떻게 알고 귤 상자를 보내왔고, 아이들도 손에 손에 먹을 것이 들려 있다. 나까지 덩달아 무슨 잔칫날처럼 설렜다.

포석정 놀이는 재량시간인 5교시에 한 시간만 하겠다고 예고를 한 상태였다. 그런데도 마음이 들뜬 아이들은 아침자습 시간부터 한목소리로 졸라댄다. 원래 2교시 사회 시간에 해야 맞지 않느냐고, 한 시간으로는 부족하지 않겠냐고 말이다. 할 수 없이 아이들과 내가 한 발씩 양보하여 놀이는 4교시부터 두 시간을 연달아 하기로 했다. 아이들은 과자가 먹고 싶은 것도 꾹 참고 시작 시간을 잘 기다려 주었다.

우리 학교는 학생 수가 많은 관계로 3, 4학년은 3교시가 끝나고 점심을 먹는다. 점심을 먹고 온 아이들이 운동장에 나가 노는 대신 책걸상을 모두 앞으로 밀고 교실 뒤쪽에 넓은 공간을 만들었다. 드디어 4교시 시작종이 울렸다. 엊그제 그림을 그린 몇 명이 먼저 포석정 그림을 꺼내 펼쳤다. 아이들 환호성이 다시 또 온 교실에 울려 퍼진다. 그림 주위로 아이들이 모여 앉았다. 화랑의 흉내를 내어 색도화지로 화관까지 만들어 쓴 친구도 몇 명 눈에 띈다.

이제부터 놀이의 시작이다. 놀이 방식은 남자는 여자에게 외울 기회를 주고 여자는 남자에게 외울 기회를 주는 릴레이식으로 하기로 했다. 첫 주자인 윤비가 〈바람과 빈병〉을 잘 외웠다. 손깍지를 낀 채 눈길은 먼 곳에 둔 윤비 모습이 너무 멋지다. 아이들의 박수를 받으며 윤비가 음료수를 받아 마셨다. 크~ 시늉과 함께 다음 남자친구를 지목한다. 맨 처음 선택을 받은 행운의 남학생은 우쭐한 자세로 〈호박의 꾀 많은 생각〉을 외운다.

릴레이는 순조롭게 이어졌다. 평소 아이들의 호응이 좋았던 동시가 역시 인기가 많았고, 어떤 아이는 나를 향해 서서 〈해 선생님은 무서워〉를 외우기도 했다. 이 시는 들판의 곡식들이 바르게 자라도록 해 선생님이 하나하나 훈계하는 내용을 담고 있다. 아이들의 웃음보가 터졌다.

시간이 얼마나 흘렀을까. 누군가 지현이를 호명했다. 장애아 친구 지현이가 과연 시를 잘 외울 수 있을까? 아이들은 숨을 죽이며 지켜보았다. 〈병태 양말〉을 더듬더듬 외워 나가던 지현이가 "…병태 발가락/ 들어갈 곳이 없네"까지 외우고선 머뭇머뭇한다. 그러자 여기저기서 "어 추워!", "어 추워!" 하고 도움을 주었다. 힘을 얻은 지현이가 큰 소리로 마지막 행을 외우고 나서 활짝 웃는다. 이렇게 하는 동안 나는 동서남북을 오가며 한 장면 한 장면을 카메라에 담았다. 한 시간이 금방 지나갔다.

10분 쉬는 시간에 아이들에게 즐거움 하나를 더 주었다. 포석정 그림판에 의미 있는 문장 한 줄씩을 남기게 한 것이다. 아이들은 이게 웬 행운이냐 하며 벌떼처럼 몰려들었다. 머리를 맞대고는 갖가지 캐릭터나 친구 이름이나 '포석정 놀이 짱!', '우윳빛깔 선생님!', '내가 최고!' 같은 문구를 적어 나갔다. '애인 구함'이란 글씨와 함께 휴대전화 번호까지 적은 녀석이 있는 것도 흥미롭고, 사이사이의 수많은 하트 그림이 사랑이 넘치는 우리 교실을 말해주는 것 같았다.

5교시에는 놀이가 자연스럽게 되도록 이전의 규칙을 지키지 않아도 된다고 했다. 그랬더니 역시 아이들은 평소 시를 잘 외우는 친구들에게 기회를 많이 주었다. 우리 반에서 동시를 가장 잘 외우는 동준이가 뒷짐 진 자세로 〈거인들이 사는 나라〉를 외우자 일제히 칭찬과 부러움의 박수를 보낸다. 동준이가 거침없이 외워나간 이 시는 긴 산문시라서 대부분의 아이들은 외우기를 주저한다. 동준이의 강적인 시연이는 〈은영 세탁소〉를 외웠는데, 이 또한 암송 솜씨와 자신감 있는 포즈가 압권이다. 이 모든 장면이 사진에 담겼다. 누가 봐도 오늘 우리 반 최고의 두 화랑은 동준이와 시연이다.

5교시 종료를 몇 분 남겨 놓고 포석정 놀이를 마쳤다. 한창 방영 중인 TV 사극 《선덕여왕》에 익숙해 그런지 아이들이 화랑에 대해 어느 정도 알고 있어 더 흥미진진한 놀이가 될 수 있었다. 아이들은 자신이 무슨무슨 랑이라 불리는 것을 특히 좋아했는데, 이 놀이를 처음 제안한 형진이는 스스로를 '형진랑'이라 칭하며 우쭐해 있다. 그리고 두 시간이나 했는데도 아쉬워하면서 다음에 또 하자고 아우성이다. 우리 반 아이들의 아이디어로 재탄생한 포석정 놀이인데다 저렇게나 좋아하는 놀이라면 언제든지 몇 번이고 할 수 있지 않겠는가. 이제 화랑 화관을 쓰고 어깨동무를 하기도 한 모습 그대로 단체 사진을 찍었다. 아이들의 행복해하는 모습이 화면에 가득하다.

옛 백제 땅의 후손이자 장차 호남의 풍류객으로 가능성이 높은 아이들이 이날은 신라의 화랑 흉내를 내어 본 것이다. 비록 그림으로 된 포석정에 둘러앉아 한 놀이였지만 얼마든지 시와 분위기에 취할 수 있었다. 물론 과거 화랑들처럼 즉석에서 시를 지어 화답하기에는 아직은 어린 우리 아이들이다. 그렇지만 아이들 모두 이미 반은 시인이며, 장성하면 언젠가 다시 모여 진짜 유상곡수연流觴曲水宴을 열 날을 기대해 본다. 생각만 해도 기다려지는 그림이다.

(2009)

달걀 한 꾸러미

아이들이 돌아간 뒤, 잠깐 교무실에 다녀오니 책상 위에 작은 보자기가 하나 놓여 있다. 무엇일까, 누가 갖다 놓았을까, 궁금증을 안고 열어보니 달걀 꾸러미이다. 미소가 지어진다. 아마도 5학년 예진이가 두고 갔을 것이다. 내가 알기로 예진이가 직접 닭을 길러 얻은 달걀이다.

두어 주 전에도 예진이한테서 고구마 선물을 받았다. 손수 가꿔 거둔 것이라고 하여 집에 오자마자 씻어 맛을 보았다. 속이 노란 호박고구마였는데 달고 맛있었다. 도심 속 현대식 주택 어디에 이런 고구마를 심었을까. 이런 것을 심어 가꿀 시간이나 있었을까. 학교 공부에 학원 공부에 좀처럼 시간이 날 것 같지 않은 고학년 아이라서 먹으면서도 걱정이 앞섰다. 다음에는 달걀도 갖다드리겠다고 한 그날 약속을 예진이는 오늘 지킨 것이다.

예진이는 3학년 때 우리 반 학생이었다. 어려서부터 영특하여 조기입학을 한 아이라는 것을 학부모 면담을 통해 알았다. 그런 정보가 없었더라도 예진이는 아이들 속에서 금방 눈에 띄었다. 그때도 벌써 두세 가지 외국어 공부를 하고 있었으며, 일본어는 최연소 자격증 취득으로 군산 기네스북에 이름까지 올랐다고 했다. 그만큼 아이는 모든 면에서 적극적이며 자신감이 넘쳤다.

예진이의 이런 성격이 혹 교만한 쪽으로 잘못 나가지 않을까 내심 걱정을 했다. 하지만 그것은 지나친 염려였다. 자신감이나 적극적인 성격은 자연스럽게 리더십으로 발전하고 있었고, 친구를 배려하는 고운 심성도 지닌 아이였다. 학습 준비물을 가져오지 못한 친구들과 준비물을 함께 쓰거나, 구구단을 못 외우는 친구에게 구구단을 적어주며 도와주는 마음 씀씀이, 점심시간 같은 때 친구들을 모아놓고 1인극을 펼치는 재치 등이 예사롭지 않았다.

예진이가 이렇게 바람직하게 성장하는 데는 부모님의 영향이 큰 것 같다. 예진이 부모님은 군산에서도 교육열이 높은 수송동에서 영어전문학원을 경영하고 있다. 다행히 부모님은 예진이에게 공부만 강요하지는 않는다고 한다. 시골 아이의 정서를 갖게 하기 위해 학원 옆 넓지 않은 공간에 아이들과 함께 과실수를 심어 가꾸는가 하면, 좋아하는 채소 종류와 닭도 직접 기르게 하여 노동의 소중함을 스스로 깨우치게 하는 것 같다. 필요하다 싶으면 3학년 때나 지금이나 학교에 보내는 대신 무료급식소나 연탄 나르기 같은 봉사 활동 현장으로 데려가는 열린 사고를 가진 학부모이다. 온 가족이 십몇 년째 월드비전을 통해 우리보다 못사는 나라의 어린이들을 돕고 있기도 하다는 예진이네 가족. 예진이가 여린 손과 땀으로 거둔 방울토마토와 고구마와 달걀 등을 선생님과 친구들과 나누기를 좋아하는 이 모두는 부모님한테서 배운 나눔 실천 철학의 영향일 것이다.

3학년 때 내가 예진이를 다른 아이들보다 더 예뻐하거나 그런 것 같지는 않다. 그런데도 예진이가 나를 특별하게 생각한다는 말을 예진이 부모님을 통해 들은 적이 있다. 예진이는 정말 나를 좋아하는 것 같다. 예진이가 4학년에 진급할 때 나도 그때 4학년 담임을 맡게 되었는데, 내가 저를 우리 반으로 데려가지 않았다며 두고두고 속상해 하였다고 한다. 반 배정을 내 주관대로 할 수 없다는 것을 아이가 모르고 한 말이겠지만, 어쨌거나 예진이는 변함없이 스승의 날이나 하다못해 무슨무슨 데이까지 나를 챙기는 것을 잊지 않는다.

나의 어떤 점이 예진이로 하여금 그처럼 좋은 감정을 오랫동안 불러일으키게 하는 것일까. 남들보다 많이 늦은 나이에 교단에 서게 되어 첫 제자인 예진이 때부터 지금까지 아이들에게 내 나름대로 최선을 다해왔다. 단순히 지식만 전수하는 교사가 아닌, 아이들 한 사람 한 사람에게 관심을 가지며 동심을 심어주려 마음을 쓰고 있다. 이런 경험들 말고도 예진이에게는 추억이 한 가지 더 있기는 하다. 그해 가을 학예발표회 때 내가 맡은 '동화 구연' 팀에서 예진이가 중요한 역할을 맡아 활동한 적이 있다. 그때 팀 아이들과 내가 한마음이 되어 열심히 연습을 하였고 발표회에서 좋은 평도 받았다. 끝나고 다함께 저녁을 먹고 나서도 헤어지기 아쉬워하던 아이들 모습이 아직도 눈에 선하다. 아마도 예진이가 이런 기억들 때문에 그토록 나를 좋아하는 게 아닐까.

그 옛날 달걀 한 꾸러미는 그냥 달걀이 아니었다. 쌀독 깊은 곳에 하나하나 모아두었다가 가용家用 돈이 필요할 때 꾸러미로 꾸려 현금으로 바꿔 쓸 만큼 귀한 것이었다. 그 시절 달걀 한 꾸러미의 선물은 스승에 대한 최고의 감사표시이기도 했다. 하지만 오늘날은 감사 표현 방법도 다양해지고 단위도 커졌다. 그만큼 스승에 대한 예우가 더 깍듯해졌느냐 하면 그건 아니다. 오히려 그 반대이다. 요즘 학교 현장에서는 교권이 추락할 대로 추락한 상태이다. 학생과 학부모가 교사를 폭행하고 고소와 고발이 난무하는 안타까운 교육 현장……. 군사부일체君師父一體라 하여 스승의 그림자도 밟지 않던 시절이 과연 있었던가 싶다. 그리고 이런 때 받은 예진이의 달걀 한 꾸러미는 옛날의 달걀 한 꾸러미에 비할 바 아니게 값지고 소중한 선물이다.

책을 좋아하는 예진이가 어려서부터 자주 하던 말이 있다고 한다.

"나는 꼭 위인전기집에 남는 사람이 될 거야."

벌써 일본인들도 따기 매우 힘들다는 일본어 1급을 땄는가 하면, 신동 소리를 들으며 몇 차례 매스컴도 탔다. 이런 예진이가 한결같은 마음으로 스승을 생각하고 사회적 약자를 향한 따뜻한 가슴까지 열어놓고 있는 게 너무나 대견하다. 예진이는 앞으로 만약 선생님이 된다면 나와 같은 선생님이 되고 싶다고 언젠가 크리스마스카드에 썼다. 어깨가 무거워진다. 예진이를 위해서도 부끄럽지 않은 스승이자 사표師表가 되어야 하기 때문이다.

예진이의 이번 달걀 선물도 쉬 먹어 없애지 못할 것 같다. 앞으로 예진이가 꿈을 이루어가는 과정을 흐뭇한 마음으로 기도하며 지켜볼 것이다.

(2010)

꼬마 시인의 詩에 부쳐

뽕뽕 소리 나는
노래방

〈가을 소풍〉을 부르다가
친구가 틀리니까

뽕망치가 머리 위로
뽕뽕!!

친구가 맞는 걸 보니
내 머리도 띵~ 아픈 것 같은데

저도요! 저도요!

아이들은

뿅망치에 마구 머리를 맞댄다.

— 〈뿅뿅노래방〉 전문, 문지우 작

겨울방학을 1주일 정도 앞두면 학적 마감 등으로 교사들은 그야말로 눈코 뜰 새가 없다. 그런 와중에 2학년 우리 반 학생의 시 한 편을 담임 심사평과 함께 ≪전북일보≫에 보냈으면 하는 교감 선생님의 전화를 받았다. 갑자기 받은 제안이라 망설여졌으나 이내 해보겠다고 했다. 우리 반에 감수성이 풍부한 꼬마 시인이 한 명 있어서다. 그 아이가 바로 지우이다.

지우는 동시 외우기를 정말 좋아하는 여자아이이다. 1년 동안 100편 넘게 동시를 외웠다. 내가 새로 알려주는 동시마다 빠뜨리지 않고 외운 셈이다. 동시 외우는 시간을 무척 좋아하는 지우가 언제부턴가는 직접 시를 쓰기 시작했다. 좋은 동시란 그런 것 같다. 아이들에게 감동을 주고, 자꾸자꾸 외우고 싶게 하고, 나도 한번 써보고 싶게 하고…….

이 동시는 ≪즐거운 생활≫ 시간에 한 놀이를 가지고 썼다. 〈가을 소풍〉이란 노래를 배우고 나서 기존의 음악수업과 다른 방식의 놀이 수업을 시도해 보았다. TV에서 한 〈쟁반 노래방〉을 흉내내어 본 것이다. 교실 천장에 쟁반을 매어달 수는 없으니까 아이들이 좋아하는 뿅망치를 준비했다. 한 소절씩 이어 부르기를 하다가 틀리는 사람이 있으면 모둠 전체 혹은 틀린 사람 혼자 뿅망치를 맞았다. 놀이를 할 때 대부분의 아이들은 뿅망치에 서로 머리를 들이대는 등 매우 재미있어 했다. 이때 겁이 좀 많은 지우는 맞는 친구만 보고도 머리가 아팠던 것 같다. 이 시에는 이런 지우의 마음이 잘 담겨 있다. 지우와 상의 끝에 이 시를 신문사에 보내기로 했다.

지우는 시도 잘 쓰지만 여러 방면에 소질이 있다. 지우가 노래 부르는 것을 보면 음정이나 박자가 누구보다도 정확하고 이론에 대한 이해도 가장 빠르다. 지우의 음악적 소질은 타고난 가족력인 것 같다. 가족 중에 판소리를 하는 사람, 대금을 하는 사람, 무용을 하는 사람이 있고 부모님이 우리 전통악기도 직접 만든다고 들었다. 자연스럽게 국악을 접하며 자란 지우는 가야금과 단소를 배우는 등 어려서부터 국악 수업을 탄탄히 받고 있다. 이 밖에도 지우는 그림도 잘 그리고 체육도 잘하고, 못하는 것이 없는 팔방미인이다.

지우는 마음씨도 예쁜 아이다. 5월 어버이 날 무렵에 지우가 쪽지와 함께 작은 종이상자를 주고 갔다. '선생님, 저를 이렇게 똑똑하게 해주셔서 감사해요.' 고사리 같은 손으로 적은 쪽지를 보고 쿡쿡 웃음이 나왔다. 그 무렵 1학기 중간고사에서 우리 반에서 지우 혼자 올백을 맞은 적이 있는데, 아이는 그 공을 모두 나에게 돌리고 있었던 것이다. 종이상자를 열어보니 들국화 그림을 나염 처리한 보자기 한 장이 들어 있었다. 처음에 나는 스승의 날을 앞두고 지우 부모님이 미리 보낸 선물인 줄 알았다. 전화를 드렸더니 부모님은 전혀 모르는 일이란다. 군산시 국악큰잔치에 모신 어르신들에게 드리려고 준비한 것을 지우가 살짝 하나 가져간 것 같다고 하여 지우 어머니도 나도 한바탕 웃었다. 이 밖에도 직접 만든 것이라며 지우가 내 책상에 놓고 간 깜찍하고 아기자기한 선물이 여러 가지다.

말수가 많지 않은 지우가 처음 나에게 말을 걸어 온 것은 뜻밖에도 고모에 대한 내용이었다. 물어본 것도 아닌데 저의 고모께서 판소리를 하는 분이라고 귓속말을 했다. 내가 국악을 좋아하는 것을 어린 지우가 눈치를 챈 것일까. 이때부터 시작하여 지우와는 정말 마음이 잘 통한다. 지우는 가끔씩 고모의 공연 팸플릿과 초대장을 가져오기도 하고, 핸섬한 아빠의 대학 시절 사진을 보여주기도 하고, 교회에서 배우고 있다는 오카리나 솜씨를 보여주기도 한다. 나 역시 이런 예쁜 지우를 위해 동시 한 편도 소홀히 고르지 않는다.

이번 겨울은 몇십 년 만의 강추위와 폭설이라고 한다. 그로 인해 나는 움츠린 채 집 안에서만 긴 방학을 보내고 있다. 반면 이 추위에 지우는 지금 가족과 제주도행 배에 올랐다고 한다. 멀미가 나서 좀 힘들기는 하지만 너무나 신이 난다는 지우! 지우의 새로운 시 한 편이 기대된다.

(2011)

全河然 수필집

신新 포석정 놀이

인　쇄 / 2013년 8월 30일
발　행 / 2013년 9월　5일

저　자 / 전 하 연
발행인 / 서 정 환
발행처 / 수필과비평사

출판등록 / 1984년 8월 17일 제28호
주　소 / 서울시 종로구 삼일대로 32길 36
(익선동 30-6 운현신화타워 빌딩) 301호
전　화 / (02) 3675-5633, (063) 275-4000 · 0484
팩　스 / (063) 274-3131
E-mail / sina321@hanmail.net
essay321@hanmail.net

값 13,000원

ISBN 978-89-98524-92-0　03810

이 도서의 국립중앙도서관 출판시도서목록(CIP)은 서지정보유통지원시스템 홈페이지(http://seoji.nl.go.kr)와 국가자료공동목록시스템(http://www.nl.go.kr/kolisnet)에서 이용하실 수 있습니다.(CIP제어번호: CIP2013016849)

※ 이 책의 발간비 일부는 2013년 전라북도문예진흥기금의 지원을 받았습니다.